ZEITREISE SCHWARZWALD

ANNE GRIESSER · UTE WEHRLE

ZEITREISE SCHWARZWALD

Menschen, Orte und Ereignisse,
die Geschichte schrieben

SILBERBURG

INHALT

Kloster St. Trudpert in Münstertal.

Das Weinbrennerhaus und die Evangelische Stadtkirche in Karlsruhe.

Die Gavioli-Orgel steht im Elztalmuseum Waldkirch.

Vorwort

Sehnsuchtsort, Kraftort, heile Welt, sagenumwoben, mystisch, rätselhaft, der Inbegriff von Heimat und Naturidyll. Die Liste der Schwarzwaldattribute ist lang und ließe sich noch eine ganze Weile fortsetzen. Und natürlich schleichen sich dabei Klischees ein: der Bollenhut zum Beispiel oder die Kuckucksuhr.

Längst hat sich aber auch herumgesprochen, dass all diese Schlagworte viel zu kurz greifen, wenn es um die wahre Geschichte von Deutschlands höchstem Mittelgebirge geht. Das Leben in den schwer zugänglichen Höhenlagen war über viele Jahrhunderte nur unter großen Mühen zu bewältigen, der Blick auf die imposante Landschaft von der kräftezehrenden Arbeit verstellt. Der Schwarzwald war auch zu keiner Zeit eine politische Einheit, nicht einmal eine kulturelle. Bis heute sind Nordschwarzwald und Hotzenwald im Süden nicht nur räumlich weit voneinander entfernt.

Und dennoch gibt es Gemeinsamkeiten. Die späte Besiedelung beispielsweise. Die Kelten errichteten ihre Oppida (befestigte Siedlungen) noch in den Randlagen, und auch die Römer, die zwar erste Straßen bauten und Bergbau betrieben, mieden die dichten Wälder. Erst die Alamannen und frühe christliche Missionare wagten sich in die Höhenlagen vor. Klöster entstanden, Burgen und Städte.

Der Alltag der Bewohner blieb hart. Auch das ist eine Gemeinsamkeit, die sich durch alle Schwarzwaldregionen zieht. Bergbau, Köhlerei, Flößerei und allerlei Handwerk wie die Glasherstellung und die Uhrenherstellung zeugen vom Einfallsreichtum der Menschen, die sich die Gegebenheiten ihrer Umgebung bestmöglich zunutze machten.

Erst die Romantik entdeckte den Schwarzwald als Kulisse für Sagenhaftes und Mystisches. Das Schwarzwaldmärchen schlechthin ist sicherlich das »Kalte Herz« von Wilhelm Hauff, in dem Köhler und Flößer eine wichtige Rolle spielen. Doch nicht alles, was heute als romantisch gilt, war es auch schon in früheren Zeiten. Unter dem hübschen Walmdach zum Beispiel herrschte dicke Luft. Es gab keinen Kamin, der Rauch zog über das durchlässige Dach ab, wo er Würste und Schinken konservierte.

Die Region hat viele bedeutende Persönlichkeiten hervorgebracht, Maler wie Hans Thoma, Mundartdichter und Literaten wie Johann Peter Hebel oder Heinrich Hansjakob. Und jede Menge Tüftler und Erfinder, zum Beispiel den Uhrenpater Thaddäus Rinderle oder den Flugpionier Carl Friedrich Meerwein.

Die große Stunde des Schwarzwalds schlug aber erst mit der Erfindung des massenhaften Wintertourismus. Am Ufer des Titisees entstand ein Hotel, in Schollach wurde der Skilift erfunden, mit der Schwarzwaldhochstraße zog sich ab 1933 eine reine Touristenstraße durch das Mittelgebirge. Mitte des 20. Jahrhunderts setzte der Film »Schwarzwaldmädel« Akzente und machte den Bollenhut überregional zum Wahrzeichen der Region.

Heute bemüht sich der Schwarzwald erneut um einen Imagewandel. Fortschrittlich will er sein und dennoch traditionsbewusst, stolz – sowohl auf das Althergebrachte als auch auf das Moderne.

Die vorliegende Zeitreise will und kann kein umfassendes Geschichtsbuch sein. Sie will auch keine lückenlose Darstellung von historischen Begebenheiten und Zusammenhängen bieten. Vielmehr will sie als unterhaltsamer Spaziergang durch vergangene Jahrhunderte Schlaglichter auf Personen, Orte und Ereignisse werfen, die den Schwarzwald geprägt haben und bis heute charakterisieren. Ein Spaziergang, der sowohl Einheimischen wie Besuchern und Feriengästen spannende Geschichte(n) und Wissenswertes über die Region vermittelt.

Der Sturmerlebnispfad erinnert an den Orkan Lothar im Jahr 1999.

7. Jhd. v. Chr. – Zeitenwende

Die geheimnisvollen Kelten

Leer und unheimlich sei er gewesen, der *Abnoba Mons*, der Schwarzwald der grauen Vorzeit. Menschen hätten sich kaum hineingewagt. Ein Ort voller wilder Tiere und Gefahren. Nur in den fruchtbaren Randlagen fanden die ersten Siedler günstigere Bedingungen vor, heißt es. Und genau dort entstanden die frühen Dörfer und Städte eines rätselhaften Volkes: das der Kelten.

Ob sie sich wirklich nicht in den Wald getraut haben, ist eher zweifelhaft. Spuren hat man dort wenige gefunden, aber das will nicht viel heißen. Immerhin finden sich Hinweise auf Altäre und Ritualplätze, die von ihren Druiden für religiöse Zeremonien genutzt wurden. Der Siebenfelsen bei Yach zum Beispiel oder der mystische Belchen. Der frühe Name des Schwarzwalds geht wohl nicht ohne Grund auf die keltische Muttergöttin *Abnoba* zurück.

Rätselhaft sind uns die Kelten aus zwei Gründen geblieben: Ihr Ursprung liegt weitgehend im Dunkeln – und sie haben keine eigenen schriftlichen Zeugnisse hinterlassen. Ihre Kultur kennen wir nur aus den Berichten von Griechen und Römern und aus archäologischen Ausgrabungen. Dass es sich schon um eine Art Hochkultur gehandelt haben muss, erschließt sich jedoch aus zahlreichen Funden. Die Kelten bauten große Schutzwälle um ihre Städte, sie betrieben Bergbau, prägten eigene Münzen, waren in allerlei Handwerkskunst bewandert und trieben Handel weit über ihre Siedlungsgebiete hinaus.

Von der Siedlung *Tarodunum* im Dreisamtal nahe Freiburg ist sogar der Name überliefert. Ein fast 200 ha großes Areal wurde von gewaltigen Böschungen, hohen Mauern und Gräben umgrenzt. Allerdings wurde die Anlage offenbar nie fertiggestellt. In ihrem Inneren gibt es keinerlei Hinweise auf eine Besiedlung oder eine andere Nutzung. Erst im Jahr 1987 fand man dann etwa einen Kilometer westlich der Anlage das eigentliche Städtchen, das vermutlich zwischen 150 und 80 v. Chr. bestand. Es lag nicht weit von der Stelle entfernt, an der sich Wagensteigbach und Rotbach zur Dreisam vereinigen. Der Name des Flusses geht ebenfalls auf die Kelten zurück: Er hieß damals *Tragisama*, was so viel wie »die sehr schnell Fließende« bedeutet. Davon ist heute nicht mehr viel zu sehen!

Möglicherweise war die Nähe zu den Erzvorräten ein Grund für die Ansiedlung im Dreisamtal. Spuren keltischen Bergbaus finden sich an vielen Orten im Schwarzwald. Erst vor wenigen Jahrzehnten entdeckten Forscher auf dem Schlossberg von Neuenbürg (Enzkreis) eine befestigte Höhensiedlung der Kelten. Brennöfen aus der Zeit von ca. 600 bis 300 v. Chr. legen nahe, dass die Siedlung damals zu den bedeutendsten Eisenverhüttungsplätzen nördlich der Alpen gehörte. Ein ausgegrabener Rennfeuerofen gilt als einer der ältesten seiner Art im gesamten mitteleuropäischen Raum!

Ein keltisches Zeugnis ganz anderer Art ist der Magdalenenberg südlich von Villingen. Vor mehr als zweieinhalb Jahrtausenden wurde hier unter einem gewaltigen Grabhügel ein bedeutender Fürst beigesetzt. Dank moderner dendrochronologischer Verfahren (Altersbestimmung durch Holz) konnte der Zeitpunkt recht exakt auf das Jahr 616 v. Chr. festgelegt werden. Die kostbaren Grabbeigaben wurden zwar leider schon im fünften vorchristlichen Jahrhundert geplündert, dennoch liefert der Magdalenenberg wichtige Einblicke in die keltische Kultur. Die Anlage könnte als gigantischer Mondkalender fungiert haben, mit dem sich Finsternisse vorhersagen ließen.

▲ Der Siebenfelsen bei Yach: ein keltischer Sonnenaltar? ▼ Tarodunum-Rundweg im Dreisamtal.

73 nach Christus

Römer besiedeln den Schwarzwald

Da eroberten die Römer beherzt einen Landstrich nach dem anderen – doch dieser dunkle Wald mit seinen undurchdringlichen Unterhölzern jagte ihnen tiefes Unbehagen ein. Was erklärt, warum sie ihn »Silva Nigra« – »Schwarzer Wald« – tauften und sich hauptsächlich in dessen Randzonen niederließen, wo das Klima um einiges weniger rau war als in den höheren Gebirgslagen.

Auf Befehl von Kaiser Vespasian begannen sie 73 n. Chr. mit dem Bau der Kinzigtalstraße, um den Weg von Mogontiacum (Mainz) über Argentoratum (Straßburg) nach Augusta Vindelicorum (Augsburg) zu verkürzen. Die neue Route diente nicht nur militärischen Zwecken, auch Händler nutzten die Straßensysteme, auf denen sie schnell und sicher vorwärtskamen, zumal römische Soldaten für ihren Schutz sorgten. Apropos Schutz: Zu den ältesten militärischen Stützpunkten im Schwarzwald gehört das immer noch gut erhaltene Kastell in Hüfingen. Dort wurde um 70 n. Chr. ein Militärlager namens »Brigobannis« errichtet, um sich im Fall der Fälle gegen die Stämme der Germanen verteidigen zu können. In unmittelbarer Nähe befand sich eine zivile Siedlung, wo Handwerker, Wirtsleute, Händler und die Frauen und Kinder der Soldaten lebten. Eine großzügige Badeanlage sorgte dafür, dass sich die sonnenverwöhnten Römer das Leben auch jenseits der Heimat so angenehm wie möglich machen konnten. Und die bot alles, was Leib und Seele begehrten: einen Warm-, einen Lauwarm- und einen Kaltbaderaum sowie einen großen Heizraum. Das Bad wurde gleichermaßen von Soldaten als auch Zivilisten genutzt, allerdings mussten Letztere für die Benutzung einen kleinen Obolus entrichten.

Überhaupt hielt mit den Römern eine neue Art der Badekultur Einzug, denn Dolce Vita in angenehm temperiertem Wasser wurde auch in Badenweiler geboten. Die damalige Therme als Kern einer römischen Siedlung war mit 93 Metern Länge und 33 Metern Breite relativ groß. Sie wurde im 1. Jahrhundert nach Christus als Doppelanlage angelegt, um Frauen und Männern – streng nach Geschlecht getrennt – ungetrübte Badefreuden zu ermöglichen. Geweiht war das Römerbad »Diana Abnoba«, der Göttin des Schwarzwaldes, wie vor Ort gefundene Inschriften bezeugen.

Jetzt war es nun nicht so, dass die Römer den lieben langen Tag nur im warmen Wasser planschten. Nein, sie legten auch einen beträchtlichen Geschäftssinn an den Tag, denn die Orte entlang der Fernstraßen florierten. So belegen Funde in Bad Krozingen, durch das eine der wichtigsten römischen Fernstraßen führte, dass hier Tuchmacher, Knochenschnitzer, Wagenbauer und andere Gewerbetreibende ihrer Arbeit nachgingen. Reisende konnten in Gasthäusern speisen und übernachten. Es wurde Wein aus Südfrankreich getrunken und Speisen mit Olivenöl aus Spanien angerichtet, Häuser wurden mit Fußbelägen aus Marmor ausgestattet, der aus Griechenland oder Italien importiert wurde. Dank der Römer hielten auch die Schrift, die Steinbauweise und ein staatlich organisiertes Münzwesen Einzug in der Region. Nicht zu vergessen das weinbauliche »Know-how«, das sie mitbrachten.

Die römischen Eroberer haben bis heute ihre Spuren hinterlassen. Auch am Titisee. Denn einer Legende nach soll der römische Feldherr Titus dort gelagert haben. Und dem hat der See so gut gefallen, dass er ihm seinen Namen gab.

▲ Wo einst die Römer planschten: die Badruine in Badenweiler. ▼ Auf den Spuren der Römer in Hüfingen.

LEG XXI

3. bis 6. Jhd. n. Chr.

Die Alemannia

Für manche mag es ein Schock sein: Die Alemannen (auch Alamannen), diese Ur-Schwarzwälder, kamen ursprünglich gar nicht aus dem heutigen Südwesten Deutschlands! Nein, sie sind ein germanisches Völkergemisch, das ab der Zeitenwende aus dem Nordosten, vermutlich aus dem Harz, dem Thüringer Wald, Niedersachsen und Mecklenburg einwanderte. Doch erst als die Römer den Limes aufgaben, schlug ihre große Stunde.

Die Römer waren es auch, die den Namen einführten. »Alamanni« – das war eine Art neu entstandener Germanenstamm, der sich vor allem dadurch auszeichnete, dass er die Römer in kriegerische Auseinandersetzungen verwickelte. Ein zusammengewürfelter, vermischter Haufen also. Als die Römer ab 260 den Limes nicht mehr halten konnten, gab es rechtsrheinisch plötzlich viel Platz, wo die Alemannen ihre Siedlungen gründen konnten. Immer wieder kam es dabei zu Scharmützeln mit den römischen Nachbarn, aber auch ein friedliches und verträglich geregeltes Nebeneinander ist belegt.

Einen übergeordneten König gab es nicht, nur regionale Anführer, die von den Römern als »reguli« (Kleinkönige) bezeichnet wurden. Für den Breisgau sind die Namen der Brüder Vadomar und Gundomad überliefert. Letzterer residierte vermutlich in einer Höhensiedlung auf dem Zähringer Burgberg bei Freiburg. Als Kaiser Constantinus II. im Jahr 354 bei Augst eine Schlacht gegen die Alemannen gewann (und sich daraufhin stolz »Alemannicus Maximus« nannte), schloss Gundomad einen Friedensvertrag mit den Römern. Das nahmen ihm seine Leute allerdings so übel, dass sie ihn schließlich eigenhändig ermordeten.

Die Siedlungen auf den Höhen von Schwarzwald und Schwäbischer Alb waren meist der Sitz von kriegführenden Fürsten. Das gemeine Volk lebte hingegen in den fruchtbaren Tälern. Anfang der 1990er Jahre wurden in der Gemeinde Vörstetten Reste einer solchen frühalemannischen Siedlung entdeckt. Das Freilichtmuseum, das in den Folgejahren entstand, zeichnet ein lebendiges Bild vom Alltag jener Menschen. Ihr Lebensmittelpunkt war das Wohnstallhaus, das Feuerstelle, Wohn- und Schlafplätze sowie die Boxen für das Vieh unter einem Dach vereinte. Was unsere modernen verwöhnten Nasen vermutlich beleidigen würde, muss den Alemannen ein Stück wohlige (und warme!) Geborgenheit gewesen sein. Die Menschen versorgten sich weitgehend selbst, jedes Gehöft stellte die wichtigsten Gebrauchsgegenstände in Eigenregie her. Das Handwerk umfasste die Keramikherstellung, das Schnitzen von Holzgefäßen, die Metallverarbeitung, das Spinnen, Weben und Färben von Stoffen sowie die Schmuckherstellung aus Edelmetallen und Glasperlen. Offenbar mochten es die Alemannen bunt, denn sie kannten eine große Anzahl von pflanzlichen Färbemitteln. Ab dem 6. Jahrhundert benutzten sie die Runenschrift aus dem skandinavischen Raum. Warum sie diese der römischen Schrift vorzogen, ist bis heute ein ungeklärtes Geheimnis. Ihre Religion war den altgermanischen Gottheiten zugewandt, mit dem Christentum konnten sie bis zur Missionierung im 7. Jahrhundert wenig anfangen.

Das Ende ihrer großen Zeit wurde mit einer Niederlage gegen den fränkischen König Chlodwig in den Jahren 496/97 eingeläutet. Weitere verlorene Schlachten gegen die Franken beendeten die Herrschaft der Alemannen am Oberrhein. Die Menschen verschwanden aber natürlich nicht einfach – ihr Erbe ist bis heute in den Bewohnern der Region lebendig.

▲ Willkommen im Alamannen-Museum von Vörstetten. ▼ Rekonstruktion eines alamannischen Wohnstallhauses.

643

Der Märtyrer mit dem Beil

Sie waren gebildet, strenggläubig und zäh. Sie gründeten unzählige Einsiedeleien und Klöster. Sie lebten ihr Leben in harter Askese. Dazu zählten die selbst gewählte Heimatlosigkeit und der Wille, den Ungläubigen das Heil des Christentums zu bringen. Die Rede ist von den irischen Wandermönchen, die sich seit dem 6. Jahrhundert auf den Weg machten, um die heidnischen Alemannen in Süddeutschland zu bekehren.

Unterstützt wurden sie dabei von den fränkischen Königen, die durch eine Christianisierung der Alemannen eine Stärkung der eigenen Position erhofften. Der Missionar des Schwarzwaldes hörte auf den Namen Trudpert. Irgendwann um das Jahr 600 erreichte er auf seiner Wanderung ein wildes Tal zu Füßen des Belchen – das heutige Münstertal. Ein Graf namens Othpert soll ihm dort ein großes Stück Land zur Verfügung gestellt haben, das der fromme Mönch rodete, um eine Einsiedelei zu errichten.

Der weitere Verlauf der Legende gleicht einer Kriminalgeschichte. Eifrig machte sich Trudpert ans Werk. Graf Othpert hatte ihm einige Knechte zur Verfügung gestellt, die ihm beim Bau einer Kapelle helfen sollten. Da die heidnischen Alemannen bestimmte Bäume als Heiligtum verehrten, war es den Knechten jedoch ein Dorn im Auge, dass der Mönch diese mit seinem Beil fällte, nicht zuletzt, um ihnen dadurch das Scheitern ihrer Götter bildhaft vor Augen zu führen. Nur drei Jahre waren dem irischen Wandermönch im Münstertal vergönnt. Dann spalteten zwei seiner Knechte ihm mit der Axt das Haupt – das Mordinstrument blieb in seinem Schädel stecken und machte aus Trudpert den »Märtyrer mit dem Beil«.

Im Jahr 816 oder 817 wurde er von Papst Stephan IV. heiliggesprochen. Etwa zur selben Zeit gründeten Benediktiner aus St. Gallen das Kloster St. Trudpert. Doch schon viel früher setzte eine Wallfahrt zur Wirkstätte des Missionars und dem Tatort des Meuchelmordes ein. Im Jahr 643 wurden Trudperts Gebeine sichergestellt und in einem steinernen Sarkophag in der Kapelle der Einsiedelei bestattet. Noch heute befindet sich die St. Trudpertkapelle im Münstertal an diesem Ort. In den folgenden Jahrhunderten entwickelte sich das Benediktinerkloster zu einer wichtigen Stätte der Lehre, des Glaubens und der wirtschaftlichen Blüte – nicht zuletzt begünstigt durch die Nähe zu den Silberminen des Tales.

St. Trudpert ist nur ein Beispiel unter vielen für die enorme Bedeutung der christlichen Klöster für den Schwarzwald. St. Peter, St. Blasien, St. Märgen, Alpirsbach, Hirsau, Allerheiligen, Reichenbach, Tennenbach, Maulbronn – sie alle sorgten im Früh- und Hochmittelalter dafür, dass neben den Randlagen nun auch das Innere des Schwarzwalds erschlossen und besiedelt wurde. Die Klostergründer bekamen in der Regel von Adeligen große Ländereien zugesprochen, die sie urbar machen mussten, um ihre Abteien zu errichten. Gerade die Benediktiner waren mit ihrem Leitsatz »ora et labora« (bete und arbeite) für Innovationen im Bereich von Ackerbau, Vieh- und Waldwirtschaft verantwortlich. Sie machten aus den Klöstern Zentren des wirtschaftlichen und geistigen Lebens.

Nicht alle dieser bedeutenden Abteien haben es bis in 21. Jahrhundert geschafft. St. Trudpert schon. Zwar kam 1806 im Zuge der Säkularisierung zunächst das Aus für das Kloster, doch in den Jahren 1919/20 übernahmen die Schwestern vom Hl. Josef aus Saint Marc (Elsass) die Abtei und sind bis heute dort ansässig.

Das heutige Kloster St. Trudpert geht auf eine Gründung im 9. Jahrhundert zurück.

Ab 830

Das Reformkloster Hirsau

Seien wir ehrlich: Im Früh- und Hochmittelalter war der Schwarzwald nicht gerade der Nabel der Welt. Nein, nicht einmal der des späteren Deutschlands oder des heutigen Baden-Württembergs. Doch es gab eine Ausnahme. Im nördlichen Teil des Mittelgebirges wurde im 9. Jahrhundert das Kloster Hirsau gegründet, und dieses Kloster sollte besonders im späten elften Jahrhundert eine herausragende Rolle für die Reform der Benediktinerabteien spielen.

Die erste Kapelle von Hirsau (heute ein Stadtteil von Calw) war dem heiligen Nazarius gewidmet, doch bereits Anfang des 9. Jahrhunderts (man spricht vom Jahr 830) wurden die Gebeine des heiligen Aurelius vom Piemont ins Nagoldtal überführt. Dadurch wurde das gerade frisch gegründete Kloster enorm aufgewertet, denn ohne heilbringende Reliquien konnte es ein Gotteshaus zu jener Zeit kaum zu Ruhm und Ehre bringen. Die Blütezeit des Klosters setzte jedoch erst knapp zweihundert Jahre später ein, als Abt Wilhelm 1069 n. Chr. die Leitung übernahm. Ihm stand eine stürmische Zeit bevor. Bereits sechs Jahre später begann der Investiturstreit – Papst Gregor VII. und König Heinrich IV. bekämpften sich unerbittlich (u. a.) in der Frage, wer denn nun Bischöfe und Äbte einsetzen dürfe. 1076/77 kam es dabei zu dem berühmten Gang nach Canossa, bei dem Heinrich drei Tage im Büßerhemd vor der mittelitalienischen Burg ausharren musste, um den Papst zur Aufhebung des über ihn verhängten Kirchenbanns zu bewegen. Abt Wilhelm von Hirsau stand in dieser Frage ganz auf Seiten des Papstes. Anhänger Gregors sollten in der Abtei stets eine sichere Zuflucht finden. Beinahe hätte dies allerdings den Untergang des Klosters bedeutet! Als sich der vom Papst als Gegenkönig eingesetzte Rudolf von Rheinfelden in Hirsau aufhielt, beschloss König Heinrich die Zerstörung der Abtei durch den Bischof von Straßburg. Zum Glück für das Kloster verstarb dieser jedoch unerwartet, und der Feldzug wurde kurzerhand abgesagt. Abt Wilhelm wandte sich nun der Reformbewegung des Klosters Cluny zu, die eine strengere Auslegung der Benediktinerregeln und eine tiefere Frömmigkeit forderte. Darauf basierend verfasste er die »Constitutiones Hirsaugienses«, einen Codex, der sowohl den Tagesablauf als auch das geistliche Leben des Klosters regelte. Man unterschied erstmals zwischen Laienbrüdern, den sogenannten Bärtlingen, welche die körperliche Arbeit übernahmen, und den (glatt rasierten) Priestermönchen, die dem Adel entstammten und des Lesens kundig waren. Über hundert weitere Abteien schlossen sich in den folgenden Jahrzehnten der Hirsauer Reform an.

Im Jahr 1091 wurde nach knapp zehnjähriger Bauzeit die prächtige Peter- und Pauls-Kirche des Klosterneubaus eingeweiht. Sie war seinerzeit die größte Basilika im Reich. Im Laufe der kommenden Jahrhunderte schwand Hirsaus Bedeutung allmählich – bevor die Abtei im 15. Jahrhundert eine zweite kurze Blütezeit erlebte. Im Zuge der Reformation wurde sie schließlich aufgelöst. Ein Jagdschloss entstand innerhalb des Areals, beides, Abtei und Schloss, brannten im 17. Jahrhundert während des Pfälzischen Erbfolgekrieges vollständig aus. Danach diente die Anlage als Steinbruch. Wären die Mauern nicht bereits 1808 unter Schutz gestellt worden, wäre von den wildromantischen, von Ludwig Uhland besungenen Ruinen (»Die Ulme zu Hirsau«) und dem noch vollständig erhaltenen »Eulenturm« aus dem 12. Jahrhundert vermutlich nichts mehr übrig.

▲ Ruine des Jagdschlosses im Kloster Hirsau. ▼ Relief am romanischen Eulenturm.

Ab dem 10. Jhd.

Untertage – Silber und Blei

Wenn sich die Erde bewegt, bleibt im wahrsten Sinne des Wortes kein Stein auf dem anderen. Der Schwarzwald hat in seiner langen Entstehungsgeschichte mehrere tektonische Aktivitäten erlebt. Gesteinsspalten bildeten sich, mineralhaltiges Wasser drang ein, Erzgänge entstanden. Sie führen Blei, Kupfer, Zink, Kobalt – und das äußerst begehrte Silber.

Im Hoch- und Spätmittelalter war der Bergbau auf Silber und Blei ein Quell des Reichtums. Der Bau des Freiburger Münsters wäre ohne die Erträge aus den Gruben am Schauinsland vielleicht gar nicht möglich gewesen. Auch viele Klöster siedelten sich in unmittelbarer Nähe der Erzvorkommen an. Doch der Bergbau in der Region ist viel älter, als lange Zeit angenommen wurde. Bereits vor 7000 Jahren, also noch in der Steinzeit, wurde bei Sulzburg Hämatit abgebaut, ein rotes Mineral, das die Menschen zur Farbgewinnung nutzten. Etwa tausend Jahre später folgte der Abbau von Jaspis, einer Art von Quarz. Die Kelten gruben im 5. Jhd. v. Chr. nach Eisenerz, wie archäologische Funde bei Neuenbürg eindrucksvoll belegen. Und die Römer bekundeten ihr Interesse an Silber und Blei.

Zu den ältesten Belegen für den mittelalterlichen Untertagebau im Schwarzwald zählt ein unscheinbares Stück Holzkohle aus der Grube Teufelsgrund (Münstertal), das auf das Jahr 953 datiert werden konnte.

Oft begann die Arbeit untertage mit dem Feuersetzen: Das Gestein wurde erhitzt und dann mit Wasser abgekühlt, wodurch es poröser und leichter abbaubar wurde. Mit Eisen und Schlegel arbeiteten sich die Bergleute danach in kauernder Haltung mühsam voran. So schafften sie im harten Gneis gerade einmal drei bis vier Zentimeter pro Tag. Schutzmaßnahmen gegen das giftige Blei und den gesundheitsgefährdenden Staub gab es natürlich keine. Entsprechend niedrig war die Lebenserwartung der Bergleute, wie die Auswertung von Skeletten auf Friedhöfen von Bergbausiedlungen ergab.

Ihre Nähe zum Feuer und zur Unterwelt brachte die Bergleute in den Ruf, mit dem Teufel im Bunde zu stehen. Sie übten also nicht nur einen gefährlichen, sondern auch einen wenig geachteten Beruf aus. Dafür genossen sie einige Freiheiten, waren beispielsweise von Steuer und Fronarbeit befreit und konnten es in Einzelfällen sogar zu einem gewissen Wohlstand bringen. Direkt bei den Gruben entstanden ganze Siedlungen – das Erz musste schließlich weiterverarbeitet werden. Eine besonders mühsame Aufgabe war das Abschöpfen von Grubenwasser. Im Glottertal kam man daher 1284 auf die Idee, ein ca. 15 Kilometer langes Wasserleitungssystem, den sogenannten Urgraben, vom Kandel bis ins Suggental zu bauen, der diese Arbeit mechanisierte.

Die ältesten bildlichen Darstellungen mittelalterlichen Bergbaus finden sich auf zwei Fenstern im Freiburger Münster, die früheste erhaltene deutschsprachige Berggesetzgebung, das »Dieselmuoter Bergweistum« vom Schauinsland, stammt aus dem Jahr 1372. Im Spätmittelalter ist der Bergbau dann für viele Orte im Schwarzwald belegt, einige dieser Gruben sind heute für Besucher zugänglich: die Gruben »Segen Gottes« (Haslach-Schnellingen), Finstergrund (Wieden), Teufelsgrund (Münstertal), Erzkasten (Schauinsland), um nur einige zu nennen.

Mit dem Beginn der Industrialisierung erlebte der Bergbau eine weitere Blüte. Nun wurden nicht mehr Silber und Blei abgebaut, sondern vor allem Kupfer, Zink, Schwer- und Flussspat.

▲ Zwei Fenster aus dem Freiburger Münster: Der Name Schowinsland taucht 1347 erstmals auf.

▼ Frühe Darstellung von Bergbauarbeiten in der Grube Dieselmuot.

SCHOWINSLANT

·DIE SEL·CRVOT

Ab dem 11. Jhd.

Fürstliche Geschlechter

Die Blütezeit der wehrhaften Höhenburg begann im Schwarzwald im 11. Jahrhundert. Die Besitzverhältnisse vor Ort waren so zersplittert, dass es nicht verwundert, wenn sich mancherorts Festungen und Burganlagen geradezu ballten. Schließlich wollte jeder Fürst, jeder Graf, jeder Kleinadelige seinen Besitz verteidigen. Ein Edelmann ohne Burg war schlicht undenkbar.

Eines der wichtigsten Adelsgeschlechter jener Zeit waren die Zähringer. Berthold II. ließ im ausgehenden 11. Jahrhundert die Stammburg nördlich von Freiburg errichten und nannte sich fortan Graf, später Herzog von Zähringen. Seine Söhne Berthold III. und Konrad I. gründeten kurze Zeit darauf die Stadt Freiburg und verliehen ihr 1120 das Marktrecht. Mit dem Tod des kinderlosen Berthold V. im Jahr 1218 erlosch das Geschlecht. Das beachtliche Erbe fiel an Bertholds beide Schwestern - die Gebiete im Schwarzwald an Agnes und ihren Ehemann Egino IV. von Urach. Als Grafen von Freiburg bestimmten seine Nachfolger in den kommenden 150 Jahren die Geschicke der Stadt, bevor sie dem Druck der Bürgerschaft weichen mussten, die sich 1368 freiwillig unter die Herrschaft des Hauses Habsburg stellte. Die Besitztümer im Hochschwarzwald und auf der Baar fielen Mitte des 13. Jahrhunderts an Heinrich von Urach, der sich auf dem Fürstenberg auf der Baar ansiedelte und sich alsbald auch so nannte. Das Geschlecht der Fürstenberger war geboren. Die Burg bei Hüfingen war damals vermutlich schon hundert Jahre alt und von Ministerialen der Zähringer errichtet worden.

Das Haus Fürstenberg sollte seine Macht in den kommenden Jahrhunderten ausbauen und zum wichtigsten Adelsgeschlecht im Hochschwarzwald und auf der Baar werden. Die prächtigen Schlösser von Donaueschingen und Wolfach zeugen von ihrer Bedeutung, während von der kleinen Stammburg nur noch spärliche Reste übrig sind.

Auf dem Stadtgebiet von Emmendingen befindet sich die Ruine der Hochburg - nach dem Heidelberger Schloss die zweitgrößte Burganlage in Baden. Erbaut wurde sie vermutlich im 11. Jhd. von einem Dietrich von Hachberg, dem sie auch ihren Namen verdankt. Später zogen die Markgrafen von Baden ein, und ab dem frühen 13. Jhd. wurde die Burg zum Herrschaftsmittelpunkt der Nebenlinie Baden-Hachberg.

Schon um das Jahr 1100 begann Markgraf Hermann II. (der den Titel Markgraf von Baden erstmals einführte) mit der Errichtung der alten Burg Hohenbaden bei Baden-Baden. Nach ihr hat sich das Adelsgeschlecht schließlich benannt.

Aber beileibe nicht alle Burgen im Schwarzwald waren so herausragend! Manche waren klein und beschützten unbedeutende Gebiete - die Grafen oder Ministerialen, die sie errichten ließen, gerieten bald wieder in Vergessenheit. Andere Adelsgeschlechter hatten eine kurze Blütezeit, der ein sozialer Abstieg folgte, wie zum Beispiel die Falkensteiner im Höllental, Gefolgsleute der Zähringer, denen man nachsagte, sie hätten sich später zu Raubrittern entwickelt. Der Name Falkenstein war bei den Adligen weit verbreitet - auch die vielleicht älteste Burg des Schwarzwalds, deren Ruine im Bernecktal bei Schramberg gelegen ist, heißt so.

Heute sind von den meisten Burgen nur noch Ruinen übrig, mal romantisch und malerisch, mal kaum noch auffindbar. Gemäuer, welche die Bauernkriege überstanden, fielen dann später oft dem Dreißigjährigen Krieg oder französischen Truppen zum Opfer.

▲ Ruine der Hochburg bei Emmendingen. ▼ Burg Hohenbaden war der Stammsitz der Markgrafen von Baden.

1342

Von Riesen und Holländern

Es muss ein großartiger Anblick gewesen sein, wenn die langen, mächtigen Flöße auf Kinzig, Murg oder Enz Fahrt aufnahmen! Über hundert Meter lang konnten sie sein. Am beliebtesten war der kräftige Weißtannenstamm. Zahllose Häuser in Amsterdam ruhen auf solchen Schwarzwaldhölzern, und beim Dombau von Speyer kamen die Tannen bereits im 11. Jahrhundert zum Einsatz.

Nachdem die Klostergründer als Pioniere ins Innere des einst unzugänglichen Waldes vorgedrungen waren, dauerte es nicht lange, bis man den wichtigsten Rohstoff der Gegend nutzbar machte: Holz! Als Baumaterial für Häuser und Alltagsgegenstände war es begehrt, aber auch für die Herstellung von Holzkohle, die in zunehmendem Maße im Bergbau und zur Glasherstellung benötigt wurde.

Das Fällen der Bäume war Schwerstarbeit, ebenso das Entrinden und der Transport der gewaltigen Stämme. Beste Möglichkeiten dafür boten die Flüsse, allen voran Kinzig, Murg, Enz und Nagold. Zunächst wurden die Stämme über lange Rutschbahnen, die sogenannten *Riesen*, ins Tal gelassen. Eine gefährliche Angelegenheit! Wenn sich ein Stamm verkeilte und aus der Bahn schoss, bedeutete das nicht selten ein schweres Unglück und den Tod der Waldarbeiter.

Unten angekommen, sammelte man die Stämme in *Wasserstuben*, bis sie zu *Gestören* zusammengebunden wurden. Eine erste urkundliche Erwähnung der Schwarzwaldflößerei datiert auf das Jahr 1342, als Graf Ulrich von Württemberg mit dem Markgrafen Rudolf von Baden einen Floßvertrag abschloss. Weitere frühe Zeugnisse sind Zoll- und Zunftordnungen, wie sie ab 1500 zahlreich entstanden. Schließlich konnte ein einzelner Schiffer nicht selbstständig ohne die Hilfe der Genossenschaft agieren. Wehre wollten gebaut, die Wasserläufe gepflegt werden. Die Flößerei war ein grenzüberschreitendes Geschäft. Um von Alpirsbach nach Kehl zu gelangen, mussten beispielsweise zehn verschiedene Herrschaftsgebiete durchfahren werden!

Die Arbeit der Flößer hat sich über die Jahrhunderte kaum verändert. Die Stämme wurden zwischen Frühjahr und Herbst verschifft. Knietief standen die Männer im Wasser, wenn sie die Gestöre aus etwa einem Dutzend Stämmen zusammenbanden. Ihre Stiefel reichten bis zum Leib hinauf, sie schützten gegen die Nässe, doch gegen die Kälte konnten sie nichts ausrichten. Das war keine Arbeit für Schwächlinge!

Mehrere aneinandergehängte Gestöre bildeten ein Floß, eine Mannschaft bestand aus vier bis fünf Männern. Der erste Flößer war der Lenker, ein anderer, meist der jüngste, musste vorauslaufen und die Wehre öffnen. Auf manchen Flößen wurde auch Oblast mitgeführt, gelegentlich sogar Passagiere.

Die Zuständigkeit der Schwarzwaldschiffer endete, sobald der Rhein erreicht war. Dann übernahmen die Rheinschiffer das Floß und brachten es zu seinem Ziel in Straßburg oder (später) in Amsterdam. Ihre größte Blütezeit erlebte die Flößerei im 17. Jahrhundert, als die Niederlande ihre Handels- und Kriegsflotte ausbauten und dafür Unmengen Holz benötigten. Die besonders dicken und langen Weißtannenstämme heißen deshalb im Volksmund bis heute *Holländer*.

Dass das »Gold« des Schwarzwaldes nicht unerschöpflich war, zeigte sich bereits Ende des 18. und besonders im 19. Jahrhundert: Die Region war nahezu entwaldet.

▲ Nachgebautes Gestör auf dem Flößerpfad im Kinzigtal. ▼ Allgegenwärtige Vergangenheit: Flößerszene auf einer Hausfassade in Wolfach.

Gasthof Cafe Waldgericht
Fremden-Zimmer

Schanz
Bihl
Der 62 Stein
Schaidt Würtemberg
Bischoffthumb Strassburg
Und Fürstenberg. Von
einander
FÜRSTENBERGISCHE

1428

Gnade, Recht und Gottesurteil

Wem gehört der Wald? Eine Frage, die sich bei seiner Nutzung unweigerlich stellt. Noch im frühen Mittelalter durfte jeder freie Mann jagen und fischen, um seinen Eigenbedarf zu decken. Das änderte sich im Hoch- und Spätmittelalter massiv. Nun besaßen die Grundherren das sogenannte Forstregal, und Gesetze wurden notwendig. In der Gegend an der oberen Glatt entstand eine frühe Nutzungsgenossenschaft – das sogenannte Dornstetter Waldgeding.

Vermutlich ist es schon deutlich älter, doch die erste urkundliche Erwähnung findet sich im Jahr 1428: Das Waldgericht verkündete, dass auf einer Hofstatt in der Ortschaft Aach Wein ausgeschenkt und Gäste beherbergt werden durften. Das Waldgeding regelte also neben der Waldnutzung auch Fragen der Wirtschaft und der Rechtsprechung. Lange Zeit wurden die Rechte und Pflichten der Mitgliedsgemeinden mündlich überliefert, im Jahr 1459 schrieb man sie erstmals in einem Weistum nieder.

Sieben Orte umfasste die genossenschaftliche Vereinigung zunächst – ausgerechnet das namensgebende Dornstetten kam erst später dazu. Die freien Leute des Waldgedings erhielten beachtliche Rechte: Sie durften ihr Vieh auf dem Grünland weiden, nach Belieben in den Flüssen fischen, Wasser für ihre Äcker nutzen, Brenn- und Bauholz schlagen, alles »schädliche« Wild jagen (darunter verstand man Bär, Wolf, Wildschwein und Fuchs) sowie Vögel und Niederwild (z. B. Eichhörnchen und Hasen). Nur die Pirsch auf Rotwild (Hirsch und Reh) war verboten. Anfangs gab es das alles noch umsonst – später wurde eine kleine Gebühr in Form von Getreide, der »Waldhaber« (Hafer), fällig. Dafür verpflichteten sich die Mitgliedsgemeinden, sich gegenseitig Hilfe zu leisten, auch im bewaffneten Kampf.

Zweimal im Jahr, jeweils am 1. Mai und am Gallustag, dem 16. Oktober, fanden Gerichtstage im Freien auf einem unbedeckten Hof in der Gemeinde Aach statt. Von alters her fand die Rechtsprechung unter freiem Himmel statt, nur wenn es stark regnete, begab man sich ins Innere des alten Gasthofs, der lange Zeit als »Gasthaus zur Sonne« bekannt war. Zwölf gewählte Richter aus den Waldgedinggemeinden tagten unter dem Vorsitz des Amtsvogts von Dornstetten, berieten und urteilten über die Angelegenheiten, die »Wild, Wasser und Weide« betrafen. Grundsätzlich durften die Richter fast alle Arten von Strafen verhängen und durchführen, solange es sich um »kalte Taten« handelte, also um Verbrechen, bei denen kein Blut geflossen war. Nur die Todesstrafe war dem Dornstetter Gericht vorbehalten.

Im Hof der Taferei (Taverne), auf dem die Gerichtstage stattfanden, befand sich ein kleines Fenster, das als Freistätte fungierte. Gelang es einem Beklagten, dieses Fenster zu erreichen und seine Hand darauf zu legen (ohne dass sie ihm abfaulte, wie die Legende erzählt), genoss er für 48 Stunden Asyl. Diese Zeit konnte er nutzen, um über die Landesgrenze, also ins badische Obermusbach oder Kniebis zu flüchten. Der Angeklagte legte sein Schicksal sozusagen in Gottes Hand – wenn er Glück hatte, konnte Gnade vor Recht ergehen.

Damit die Freistatt auch bei Regen ihren Zweck erfüllen konnte, gab es im Innern der Wirtschaft zur Sonne eine Hülse, die das Fenster ersetzte. Diese Hülse ist heute im 1980 wiedereröffneten Gasthaus, das nun den Namen »Zum Waldgericht« trägt, zu sehen.

Das Waldgeding hatte bis 1837 Bestand.

▲ Das ehemalige Gasthaus zur Sonne heißt heute »Zum Waldgericht«. ▼ Der Freudenstädter Forst (samt Waldgeding) auf einer Karte von 1675.

Ab ca. 1500

Unterm Walmdach

Wer an den Schwarzwald denkt, sieht neben Bollenhut und Kuckucksuhr fast immer auch das idyllische Haus vor sich, das sich friedlich ins Tal kuschelt und dessen Dach fast bis zum Boden reicht. Ein Haus wie aus dem Bilderbuch. Der Inbegriff von Heimeligkeit, von einem harmonischen Miteinander von Mensch und Natur.

Entstanden ist das typische Schwarzwaldhaus jedoch aus der Notwendigkeit, sich in einer oft kargen und schwer zu bewirtschaftenden Umgebung zweckmäßig einzurichten. Der Haustyp bildete sich ab dem frühen 16. Jahrhundert heraus, als die Höhenlagen von Siedlern erschlossen wurden. *Das* klassische Schwarzwaldhaus gibt es allerdings gar nicht, denn regional haben sich unterschiedliche Formen durchgesetzt, die neben vielen Gemeinsamkeiten auch etliche Unterschiede aufweisen.

Den ältesten Haustyp nennt der Volksmund »Heidenhaus«. Nicht etwa, weil dort gottlose Menschen lebten, sondern weil man alte, zum Teil vorchristliche Baumuster (aus dem Mittelalter und der Alemannenzeit) übernahm. Ferner kennt man das Kinzigtäler Haus, das Hotzenhaus, das Schauinslandhaus und das Gutacher Haus. Letzteres prägte das klassische Bild vom Schwarzwaldhaus am stärksten. Die Haustypen unterscheiden sich vor allem durch ihre Lage zum Hang, durch verschiedene Dachformen und Grundrisse. In früheren Zeiten waren sie alle mit Stroh oder Holzschindeln gedeckt, erst später verwendete man Ziegel, um die Brandgefahr einzudämmen.

Bei allen Typen handelt es sich um ein Wohnstallhaus, das Wirtschafts- und Wohnräume sowie die Unterstände für das Vieh unter einem Dach vereint. Das weit herabreichende Walmdach ruht auf Firstsäulen, der Sockel besteht in der Regel aus Stein, die Aufbauten aus Holz. Oft schmiegt sich das Haus an den Hang, der Bauer konnte dadurch mit seinem Heuwagen direkt auf den Dachboden einfahren. Lage und Konstruktion schützen das Gebäude vor den winterlichen Schneemengen und dem oft schneidenden Wind.

Letzteres war bitter nötig, denn die Stuben ließen sich nicht einzeln beheizen. Einen Herd gab es nur in der rußgeschwärzten Küche. Mithilfe der sogenannten »Kunscht«, einem Konstrukt aus Kachelofen und Schiebeklappen, konnte ein bisschen Wärme in die anderen Räume, vor allem in die gute Stube, geleitet werden. Zehn Grad galten im Winter schon vielerorts als schnuckelig warm!

Einen Kamin gab es nicht. Der Rauch zog unters Dach, wo die Würste und Schinken zum Räuchern hingen. Ganz nebenbei konservierte er auch die Balken. Im Inneren des Hauses duftete es immer ein bisschen wie beim Metzger.

In der Stube spielte sich das Familienleben ab. Sie war dank Kachelofen der wärmste Raum im Haus, hier befanden sich der Esstisch und der Herrgottswinkel mit dem Kruzifix. Man wollte sich aber nicht allein auf den Segen Gottes verlassen und schmückte das Schwarzwaldhaus mit allerlei Amuletten und Ritzzeichen, um böse Geister abzuhalten. Am gruseligsten sind vielleicht die mumifizierten Ochsenschädel, die man in den Dachfirst hängte, um das Haus gegen Blitzschlag zu schützen.

Wer diese alten Schwarzwaldhäuser hautnah erleben möchte, findet sie heute in diversen Freilichtmuseen.

▲ Strohgedecktes Leibgedinghäusle des Neubauernhofes in Gutach von 1652 – heute Freilichtmuseum Vogtsbauernhof. ▼ Herrgottswinkel in der guten Stube.

16. Jhd.

Kelchlin, Gloggenbecher, Gütterli

Glas – man benötigte es im späten Mittelalter und in der frühen Neuzeit nicht nur für Trinkgefäße, Krüge oder Arzneimittelfläschchen, sondern auch für Butzenscheiben und Kirchenfenster. Um Glas herzustellen, brauchte man neben Quarzsand und Wasser vor allem eines: Holz. Sehr viel Holz. Was lag also näher als die Ansiedelung von Glashütten in waldreichen Mittelgebirgen wie dem Schwarzwald?

Die Kunst der Glasherstellung beherrscht der Mensch bereits seit mehreren Jahrtausenden. Im Schwarzwald entstanden die ersten Hütten vermutlich im 12. oder 13. Jahrhundert. Die Klöster verpachteten gern größere Waldstücke an Glasmacher, denn sobald diese weiterzogen, was in der Regel dann geschah, wenn das Gebiet abgeholzt war, blieb gerodetes Land zurück, das nun der Landwirtschaft dienen konnte. Die meisten Betriebe waren demnach wandernde Produktionsstätten - Ortsnamen wie Altglashütten und Neuglashütten belegen dies bis heute.

Aber wofür benötigten die Glasmacher eigentlich so große Mengen an Holz? - Nicht für das Befeuern ihrer Schmelzöfen, wie manchmal irrtümlich angenommen wird, sondern für die Herstellung von Pottasche (Kaliumkarbonat). Etwa 85 Prozent des Holzbedarfs dienten der Erzeugung dieser Pflanzenasche, die als Flussmittel fungierte und ohne die sich Glas nicht herstellen ließ. Das Gemisch aus Quarzsand und Asche wurde zu einem Gemenge verkocht, das schließlich im Schmelzofen zu Glas geschmolzen und geläutert wurde. Das sogenannte *Waldglas* hatte durch einen geringen Eisenoxidanteil im Quarz eine grünliche Färbung. Später ließ sich diese durch das Beimengen von Manganoxid beseitigen. Die Arbeit der Meister, das Formen und Blasen des Glases, begann erst, wenn der Rohstoff in den Öfen fertiggestellt war.

Ähnlich wie die Bergleute genossen Glasmacher gewisse Freiheiten, die zu ihrer Zeit nicht selbstverständlich waren. So wurde ihnen uneingeschränkte Freizügigkeit gewährt, und sie mussten keine Frondienste leisten. Meist organisierten sie sich genossenschaftlich und arbeiteten auf eigene Kosten. Neben dem zentralen Hüttengebäude, in dem sich der Schmelzofen befand, gehörten zu einer Waldglashütte zahlreiche Nebengebäude und Handwerksbetriebe sowie die Unterkünfte für Holzfäller, Aschesieder und Glasmüller, die im Pochwerk den Quarz zerkleinerten. Für die Verpflegung hielten sich die Glasmacherfamilien ein paar Stück Vieh und betrieben in bescheidenem Maße Landwirtschaft.

Das Handwerk boomte vor allem in der Zeit nach dem Dreißigjährigen Krieg, als zahlreiche Kirchen und Klöster neue Fenster orderten - und als der barocke Geschmack immer kostbarere und feiner gearbeitete Stücke verlangte. Glasträger brachten die fertige Ware zu den Kunden - sie zogen mit einer voll beladenen Krätze auf dem Rücken durchs Land und wurden mit der Zeit immer mächtiger. Denn was ist ein Glasmeister schon, wenn seine Produkte nicht an den Mann und die Frau kommen? Später richteten die Träger Lager und feste Handelsstationen ein - aus Hausierern wurden Ladenbesitzer.

Im 18. Jahrhundert zog der Glasbedarf noch einmal an - inzwischen waren auch gläserne Fensterscheiben in Mode gekommen. Doch im 19. Jahrhundert wendete sich das Blatt. Der Schwarzwald war nahezu baumlos, die Steinkohle ersetzte die Holzkohle, der Standort brachte keinen Vorteil mehr. Eine der letzten alten Glashütten war die der Familie Siegwart in Äule (Schluchsee).

Glasbläserkunst heute - hier im »Glashaus« in Ballrechten-Dottingen.

1540/1541

Ein Gelehrter mit fragwürdigem Ruf

Wunderheiler, Alchemist, Magier, Astrologe und Wahrsager: Doktor Johann Georg Faust, berühmtester Gelehrter seiner Zeit, verfügte angeblich über zahlreiche ungewöhnliche Talente. Oder war er doch eher ein vagabundierender Hochstapler und Prahlhans, wie der eine oder andere Kirchenmann verlauten ließ?

Jedenfalls hatte ihm seine kühne Behauptung, Gold herstellen zu können, zunächst einen Job und später ein unrühmliches Ende in Staufen beschert.

Zumindest, wenn man dem Wandgemälde an der Fassade des Gasthauses »Löwen« in der Innenstadt Glauben schenken darf. Darauf ist unschwer zu erkennen, wie Mephisto, unterstützt von einem seiner teuflischen Gehilfen, dem am Boden liegenden Faust das Genick bricht. Nicht ohne Grund, denn dem Mythos zufolge soll der sagenhafte Gelehrte zuvor einen Pakt mit dem Teufel geschlossen haben – was nun mal selten gut ausgeht, wie allgemein bekannt ist. Sehr viel wahrscheinlicher ist allerdings die Erklärung, dass der Doktor bei einem seiner alchemistischen Experimente schlicht in die Luft geflogen ist. Egal, welcher Geschichte man nun Glauben schenkt – fest steht zumindest, dass sich tatsächlich ein gewisser Doktor Johann Georg Faust in Staufen aufgehalten hatte, wie aus der Zimmerischen Chronik, einer adligen Hauschronik des 16. Jahrhunderts, hervorgeht. Auf Wunsch des hoch verschuldeten Burgherrn Anton von Staufen sollte Faust aus unedlen Metallen Gold herstellen, um die finanziellen Probleme des Adeligen zu lösen.

Faust zog also mit Sack und Pack ins Gasthaus »Löwen« ein, genauer gesagt in das Zimmer Nummer fünf. Dort richtete er sich ein chemisches Labor ein und begann munter zu experimentieren, um dem Burgherren, der seine Silberbergwerke im nahen Münstertal verloren hatte, zu neuem Reichtum zu verhelfen. Doch wie es eben manchmal so ist: »Es irrt der Mensch, solang er strebt.« Denn bei einem dieser Versuche kam es zu einer gewaltigen Explosion, die Doktor Fausts Leben jäh beendete.

Natürlich brodelte nach diesem spektakulären Betriebsunfall, der sich um 1540/1541 ereignete, die Gerüchteküche in der kleinen Stadt. Für die Einwohner gab es keinerlei Zweifel: Die Seele des Alchemisten war vom Teufel geholt worden. Als Beweis für diese kühne Behauptung diente ihnen unter anderem der penetrante Schwefelgeruch, der nach dem Knall durch die Gässchen und Straßen gezogen sein soll. Der Faust-Mythos war geboren.

Über den echten Johann Georg Faust, dessen bewegtes Leben und sagenumwobener Tod als historische Vorlage des berühmten Werks von Johann Wolfgang von Goethe diente, ist indes nicht allzu viel bekannt. Geboren wurde er vermutlich um 1480 in Knittlingen. Gesichertes Wissen über sein Leben gibt es allerdings nur wenig, dafür umso mehr Legenden und Geschichten, die sich bis heute um ihn ranken und die ihn unsterblich gemacht haben.

Übrigens gab es auch für Anton von Staufen nach der Explosion im Gasthof »Löwen« kein Happy End. Da es mit dem künstlichen Gold bedauerlicherweise nichts geworden war, musste er seinen ganzen Besitz und den seiner Nachkommen für ein größeres Darlehen verpfänden.

▲ Faust fand ein unrühmliches Ende im Staufener »Löwen«. ▼ Die Burgruine war einst Sitz der Herren von Staufen.

Anno 1539 ist im Leuen
zu Staufen Doctor
Faustus so ein wunderbar-
licher Nigromanta gewesen,
elendiglich gestorben und
es geht die Sage, der ober-
sten Teufel einer, der Mephi-
stophiles, den er in seinen Leb-
zeiten nur seinen Schwager
genannt, habe ihm, nachdem
der Pact von 24 Jahren ab-
gelaufen, das Genick abge-
brochen und seine arme Seele
der ewigen Verdammnis
überantwortet.
Gasthaus zum Löwen
Hauptstraße
47
Staufen darf
nicht zerbrechen!

- 1975 -
UNSERER STADT GEWIDMET
SEPPENHOFEN

1635/36

Die Hexenprozesse von Löffingen

Es begann im benachbarten Hüfingen. Dort behaupteten zwei der Teufelsbuhlschaft angeklagte Frauen, sie hätten ein paar Bräunlinger Weiber, namentlich die Verena Hornung und die Magdalena Schenkh, auf dem *Öschingerberg* bei Hexentänzen gesehen. Letztere wiederum gab an, auch die aus Löffingen stammende Barbara Riedtmüller, geborene Schumpp, sei bei diesen Umtrieben zugegen gewesen.

Während die Bräunlinger Frauen im Jahr 1632 hingerichtet wurden, hatte die Löffinger Beschuldigte zunächst Glück: Sie wurde gegen Urfehde wieder auf freien Fuß gesetzt. Immerhin war sie die Frau des langjährigen Ratsmitglieds und Stabhalters Hans Riedtmüller! Urfehde bedeutete, dass sie einen Eid leisten musste, mit dem sie auf jede Rache sowie auf Entschädigung verzichtete.

Warum hatte Magdalena Schenkh die Frau wohl *besagt*?

Am Beginn einer solchen Kette von Beschuldigungen standen häufig Neid, Missgunst und Hass. So wurden in Hüfingen schon 1631 der Notar und Richter Matthias Trinctoris (Matthias Färber) und seine Frau verhaftet und der Hexerei angeklagt. Der Mann war aufgrund seines strengen Vorgehens in Sachen Steuereintreibung allseits unbeliebt, und sein Tod durch Enthauptung und Verbrennen kam so manchem Schuldner sehr gelegen. Doch wenn der Stein erst einmal ins Rollen geraten war, fand die Sache so schnell kein Ende. Die erste Befragung der Beschuldigten erfolgte in der Regel gütlich, das hieß: ohne Folter. In diesem Stadium gestanden sie fast nie, was man ihnen vorwarf. Ein Geständnis war aber für die Verurteilung unbedingt vonnöten. Also kam der Henker zum Einsatz: Er zeigte den Inhaftierten die Folterwerkzeuge, und wenn auch das nicht genügte, setzte er sie schließlich ein. Das beliebteste Mittel war das Aufziehen: Den Angeklagten wurden die Hände auf dem Rücken zusammengebunden, und daran zog man sie hoch. Die Schmerzen dieser Tortur sind kaum vorstellbar - wer das Bewusstsein verlor, konnte von Glück reden. Die Qualen wurden so lange wiederholt, bis die Bedauernswerten so ziemlich alles gestanden, was man ihnen vorwarf. Und natürlich wollte man die Namen von Mittätern hören!

Drei Jahre nach ihrem Freispruch wurde die Löffingerin Barbara Riedtmüller erneut der Hexerei angeklagt und am 6. September 1635 peinlich befragt. Unter der Folter gestand sie, 37 Jahre lang vom Teufel (der sich ihr unter dem Namen *Hölderlin* näherte) beschlafen worden zu sein und in dieser Zeit allerlei Vieh verhext, gelähmt und getötet zu haben.

In den folgenden sechs Monaten wurden 35 Personen aus Löffingen als Hexer und Hexen hingerichtet und dem Scheiterhaufen übergeben. Den Vorsitz bei den Prozessen führten Obervogt Adolf Hammar und der Stabhalter Matheiß Glunk, der schließlich selbst unter Verdacht geriet und am 5. März hingerichtet wurde.

Natürlich ist Löffingen nur ein Beispiel unter vielen - der Hexenwahn grassierte damals im ganzen Land. Eine Hochburg war im Schwarzwald die Stadt Horb am Neckar. Dort wurden genau hundert Menschen hingerichtet - bezogen auf die Einwohnerzahl ist das rekordverdächtig.

Dass der Hexenglaube bis heute seinen Reiz hat, zeigt sich am sagenumwobenen Kandel. Als ausgerechnet in der Walpurgisnacht im Jahr 1981 die Teufelskanzel, ein großer Felssporn, in die Tiefe stürzte, war für viele Menschen klar: Da waren sie wieder am Werk!

Der Hexenbrunnen in Löffingen wurde 1975 von der Narrenzunft gestiftet.

1692 bis 1707

Die Barockschanzen des Türkenlouis

Eigentlich hieß er Markgraf Ludwig Wilhelm von Baden-Baden, aber weil er im Großen Türkenkrieg (1683–1699) enorme Erfolge feiern konnte und nach der Schlacht bei Slankamen (1691) sogar zum *Generalleutnant aller kaiserlichen Truppen* ernannt wurde, bezeichnete man ihn als den Türkenlouis. Auch vor der badischen Haustür hinterließ er seine Spuren: Die Barockschanzen, eine über 200 Kilometer lange Verteidigungslinie gegen die Franzosen.

Geboren 1655 in Paris, begann die militärische Karriere des jungen Markgrafen im Jahr 1674, und sie sollte sein gesamtes Leben bestimmen. Nicht nur gegen die Osmanen musste er kämpfen, sondern in der Heimat vor allem gegen die Franzosen. Ein weiterer Louis, nämlich Ludwig XIV., der legendäre Sonnenkönig, machte ihm das Leben schwer. Immer weiter drangen die französischen Truppen auf habsburgisches Gebiet vor, vor allem während des Pfälzischen Erbfolgekrieges (1688–1697). Deshalb pfiff Kaiser Leopold I. seinen Generalleutnant schließlich aus dem Morgenland an die heimatliche Front zurück. Ludwig Wilhelms Aufgabe bestand fortan in der Verteidigung Deutschlands gegen die Franzosen.

Da der Feind zahlenmäßig überlegen war, musste der badische Markgraf verlustreiche Feldschlachten auf jeden Fall vermeiden. So ließ er am gesamten Oberrhein eine Verteidigungslinie errichten, die aus miteinander verbundenen Schanzen bestand. Zählt man alle Seitenlinien dazu, darf sie sich sogar mit dem römischen Limes messen!

Eine Schanze besteht im Gegensatz zu anderen Festungsanlagen aus Wällen und Gräbern, also aus Erde. Man unterscheidet quadratische Viereckschanzen (einfache Redouten) und komplexere Sternschanzen, die sich besser verteidigen lassen. Die defensive Linie begann im Süden bei Murg am Hochrhein und reichte im Norden bis nach Heidelberg. Bei Gersbach-Mettlen (Schopfheim) trennten sich die sogenannte Vordere und die Hintere Linie voneinander.

Nur teilweise konnte Ludwig Wilhelm beim Bau auf ältere Schanzen aus dem Dreißigjährigen Krieg zurückgreifen. Die meisten Gräben und Wälle mussten neu ausgehoben werden. Zeitweise waren 15 000 Männer, hauptsächlich zwangsverpflichtete Bauern, mit dem Bau der Anlage beschäftigt. Ein Graben konnte bis zu vier Meter tief sein, die Wälle erreichten eine Höhe von drei Metern. Die Schanzen wurden durch Laufgräben miteinander verbunden. Die echten Wehrschanzen ließ der Türkenlouis an strategisch bedeutenden Plätzen errichten. Gut geschützt konnten die kämpfenden Soldaten und Bauern aus der Deckung heraus agieren und auch dort siegen, wo sie in der Unterzahl waren. Aber nicht nur auf günstige landschaftliche Gegebenheiten war beim Bau der Schanzen zu achten, sondern auch auf die Verpflegung der Soldaten aus umliegenden Ortschaften.

Mancherorts existierten Wach- und Signaltürme, besonders dort, wo der direkte Sichtkontakt zwischen den Anlagen (beispielsweise durch Hügel) versperrt war. Zum Teil sind die Barockschanzen auch noch heute im Gelände erkennbar. Die Sternschanze von Gernsbach-Mettlen wurde 2007/2008 rekonstruiert und ist frei zugänglich.

Dem Türkenlouis Ludwig Wilhelm verdankt der Schwarzwald übrigens auch die stattliche Residenz in Rastatt, die er sich noch zu seinen Lebzeiten errichten ließ (Vorbild war das Schloss von Versailles), deren Vollendung er aber nicht mehr erlebte, da er 1707 einer Kriegsverletzung erlag.

▲ Die nachgebaute Barockschanze von Gernsbach mit Wachturm.
▼ Schanzanlage aus dem 17./18. Jahrhundert bei Oberprechtal.

NOTO
DEO

1694

Ein Pater am kaiserlichen Hof

Marquard Herrgott, geboren 1694 in Freiburg, war Benediktinermönch, Priester, Diplomat und Historiker, Bibliothekar, Kaiserlicher Rat und Gesandter. Und zudem der Verfasser des vierbändigen Werks »Monumenta Augustae Domus Austriacae«, in dem er Siegel, Münzen, Bilder und Grabmäler des Hauses Habsburg akribisch erfasste.

Der spätere Probst von Bad Krozingen, der einer Freiburger Bürgerfamilie entstammte, trat als 20-Jähriger in das Kloster St. Blasien ein, nachdem er zuvor als Privatlehrer tätig gewesen war. Die Verantwortlichen erkannten rasch Marquards intellektuelle Fähigkeiten und ermöglichten ihm ein Studium am Collegium Germanicum in Rom. Dort blieb er vier Jahre, bevor er 1721 nach St. Blasien zurückkam.

Nächste Station für ihn war das Kloster St.-Germain-Des-Pres in Paris, das seinerzeit führende geistige Zentrum des Benediktinerordens, wo er zwei Jahre verbrachte. Sein erstes Werk, die 1726 erschienene »Vetus disciplina monastica«, die erste gedruckte Sammlung der bisher in Handschriften überlieferten Kommentare aus allen Klöstern Europas zur Benediktsregel, stieß allerdings nicht auf ungeteilte Begeisterung. Denn Marquard Herrgott sprach sich darin für eine Lockerung der Gebets-, Fasten- und Arbeitsregeln aus – speziell für jene Mönche, die geisteswissenschaftlichen Studien nachgingen. Die Reaktion erfolgte prompt: Der unbequeme Kirchenmann und seine revolutionären Ideen waren in Paris nicht länger erwünscht, und er wurde nach St. Blasien zurückgeschickt.

1728 ging der Pater erneut auf Reisen – dieses Mal als diplomatischer Vertreter der Breisgauer Stände an den Kaiserhof von Wien. Anlass für diesen Einsatz waren Streitigkeiten des Klosters St. Blasien mit den Hauensteiner Bauern. Herrgott schlug schließlich vor, dass sich die unfreien Bauern doch schlicht von der Herrschaft loskaufen könnten. Die Hauensteiner gingen auf den Handel ein, und das Kloster konnte mit dem Geld die kaiserliche Belehnung mit der Herrschaft Staufen-Kirchhofen finanzieren.

Marquard Herrgotts diplomatisches Geschick war eine Sache, doch die Aufmerksamkeit des Habsburger Kaisers Karl VI. gewann er mit seiner Genealogie, sprich der Ahnen- und Familienforschung der Habsburger, die sich auf echte Urkunden begründete. Doch irgendwann drohte sein Stern am Hof zu sinken, denn als er sich für die Rechte der Kirche und die Privilegien der Prälatenstände gegenüber dem Herrscher einsetzte, brachte ihm das nicht nur Freunde ein. Für den Hof in Wien war er untragbar geworden. Seiner Entlassung entging er nur dank Kaiserin Maria Theresia, die dem Abt von St. Blasien diskret mitteilte, dass es ihr »sehr angenehm sein würde, wenn er seinen Großkeller unter ehrenhaftem Vorwande zurück berufen wollte«.

Ihr Wunsch wurde erfüllt, Marquard Herrgott verließ Wien und wurde Propst in Bad Krozingen, wo er weiter seinen Forschungen nachging. Zudem baute er die Krozinger Propstei in ein schmuckes Schloss um, in dem es sich angenehm leben ließ. Auch die Schlosskapelle wurde auf seine Veranlassung hin im Rokokostil umgestaltet und in einen würdigen Andachtsort für die gelehrten Mönche und Äbte von St. Blasien verwandelt.

Marquard Herrgott starb am 9. Oktober 1762. Und er hat, wie von ihm gewünscht, in der Bad Krozinger Schlosskapelle seine ewige Ruhe gefunden.

▲ Propst Marquard Herrgott ließ das Bad Krozinger Schloss umbauen. ◀ Der Propst wurde in der Schlosskapelle beerdigt. ▶ Altar der Schlosskapelle.

1727

Unruhige Salpeterer

Wo es Kalk, Exkremente und Urin gibt, blüht der Mauersalpeter. Von den Wänden gekratzt und gesiedet, entsteht aus ihm ein reines, auskristallisiertes Kaliumnitrat. Es war früher für die Herstellung von Schießpulver unverzichtbar. Das Handwerk des Salpetersiedens wurde von Bauern oft im Nebenerwerb ausgeübt, so auch im Hotzenwald, dem südlichsten Teil des Schwarzwaldes.

Dort verbindet man den Begriff aber weniger mit dem Beruf als vielmehr mit den Unruhen, die im Jahr 1727 einsetzten.

Die Männer der »Grafschaft Hauenstein«, wie das zu Habsburg gehörige Gebiet damals hieß, genossen von alters her einige Freiheiten, zum Beispiel eine bäuerliche Selbstverwaltung, die demokratische Züge aufwies. Die acht Eignungen (Gebiete) durften Steuern in Eigenverantwortung eintreiben, hatten ein Vorschlagsrecht bei der Benennung von Vögten und wählten die Inhaber für Verwaltungsposten selbst. Verbrieft waren diese Rechte freilich nicht, und so kam es, dass die Bauern wiederholt mit dem größten Grundbesitzer der Region, dem Kloster St. Blasien, in Konflikt gerieten, das seine gierigen Finger immer weiter in den Hotzenwald ausstreckte. In den Jahren 1726 und 1727 eskalierte die Situation.

Sprachrohr und Anführer der Protestbewegung war der angesehene Salpetersieder Johann Fridolin Albiez, allgemein »Salpeter-Hans« genannt. Er war gebildet und religiös und nicht länger bereit, mit anzusehen, wie die Äbte des Klosters die alten Rechte ignorierten. So reiste er nach Wien zum Kaiser, um eine Beschwerde vorzubringen. Allerdings vergeblich. Nach mehreren Versuchen wurde der 72-Jährige gar als Aufrührer im Roten Bären zu Freiburg arrestiert. Dort verstarb er im September 1727, was seine Anhänger als Märtyrertod bewerteten. Sie benannten sich ihm zu Ehren als »Salpeterer« und setzten den Protest voller Zorn fort.

Als im Dezember 1727 ein neuer Abt von St. Blasien ein Treuegelöbnis der Hauensteiner Eignungen verlangte, verweigerten diese die Huldigung. Ein Aufstand gegen die Obrigkeit!

Die Unruhen hielten bis zum Jahr 1745 an und fanden nur ein Ende, weil die meisten beteiligten Familien des Landes verwiesen wurden. Bei den Auseinandersetzungen traf aber nicht nur Militär auf Bauern, sondern oft auch Bauern auf Bauern. Es hatten sich zwei Lager gebildet: Die *Ruhigen* und die *Unruhigen*. Beide hatten dasselbe Ziel (die Bewahrung der alten Rechte), wollten es aber auf unterschiedliche Weise erreichen: die einen mit Gewalt, die anderen durch Verhandlung und Freikauf. Tatsächlich entließ das Kloster St. Blasien 1738 alle leibeigenen Bauern gegen entsprechende finanzielle Entschädigung in die Freiheit. Die Ruhigen nahmen es als Erfolg – die Unruhigen hingegen verweigerten die Zahlung und lehnten sich weiter auf.

Im 19. Jahrhundert kam es noch einmal zu sogenannten Salpetererunruhen, die mit den hier geschilderten Vorgängen aber wenig zu tun hatten. Inzwischen gehörte das Gebiet zum Großherzogtum Baden, und die Bevölkerung lehnte sich vor allem gegen religiöse Bevormundung und gegen die Pocken-Impfpflicht auf. Es handelte sich um passiven Widerstand – die Kinder wurden nicht zur Schule geschickt, oder man verweigerte den Kirchgang.

Beide Unruhen wurden im Nachhinein je nach Standpunkt des Betrachters entweder als entschlossener Aufstand gegen die Obrigkeit oder als störrisches Beharren auf längst überkommene Rechte betrachtet.

Nachbau einer Salpetersiederei im Heimatmuseum von Görwihl.

Salpeter-Siederei

1. Weltgrösste
Kuckucksuhr
Josef Dold
Schonach

Ab 1730

Wie kam der Kuckuck in die Uhr?

Jeder kennt sie – so mancher liebt sie, für andere ist sie der Inbegriff von Kitsch. Die Kuckucksuhr, *der* Exportschlager aus dem Schwarzwald! Im fernen Amerika erfreut sie sich größter Beliebtheit, und in China wird sie eifrig nachgebaut. Das Uhrmacherhandwerk ist im Schwarzwald seit dem 17. Jahrhundert ein florierendes Gewerbe. Aber wie und warum kam eigentlich der kleine Schreihals zum Einsatz?

Die Wissenschaft ist sich in dieser Frage nicht einig. Zwei Uhrendynastien (und Gemeinden) beanspruchen die Erfindung für sich. Fest steht, dass es wohl die Glasträger waren, welche die ersten hölzernen Wanduhren aus Böhmen mit in den Schwarzwald brachten und damit eine Entwicklung entfachten, die bald nicht mehr zu stoppen war. Schließlich war das Schneflerhandwerk - das Herstellen von hölzernen Gebrauchsgegenständen - eine übliche Beschäftigung für die kalten Wintermonate und ein begehrter Zuverdienst für Bauern und Handwerker.

Franz Ketterer (1676–1749) aus Schönwald gilt als einer der Pioniere der Uhrenindustrie - und als einer der Ersten, die (um 1730) einen Kuckuck ins Gehäuse setzten. Zumindest, wenn man dem Autor Marcus Fidelis Jäck Glauben schenkt, der dies 1810 so aufschrieb. Schon 1796 behauptete hingegen Franz Steyrer in seinem Buch »Geschichte der Schwarzwälder Uhrmacherkunst«, Glasträger hätten auch die ersten Kuckucksuhren aus Böhmen mitgebracht - und Michael Dilger aus Neukirch sowie Matthäus Hummel aus Glashütte hätten sie ab 1742 nachgebaut. Da es für beide Behauptungen keine Belege gibt, wird der Streit wohl nie geklärt werden.

Es kursiert ferner die Sage, die astronomische Uhr im Straßburger Münster habe für die Kuckucksuhr Pate gestanden - und eigentlich habe man nach ihrem Vorbild das Kikeriki eines Hahnes nachahmen wollen. Dieses besteht jedoch aus mehreren Tönen und überforderte die frühen Uhrenmacher. Der Kuckucksruf hingegen ließ sich mit nur zwei installierten Orgelpfeifen (gelegentlich auch Flöten) viel einfacher kopieren.

In den Anfangsjahren war die Kuckucksuhr nicht gerade der große Renner. Der Grund: Im Gegensatz zu den normalen Wanduhren war sie ziemlich teuer. Sie sah auch noch nicht so aus, wie wir sie heute kennen. Äußerlich unterschied sie sich kaum von anderen Wanduhren, der Kuckuck, der sich zur vollen Stunde die Ehre gab, schlug weder mit den Flügeln, noch konnte er den Schnabel weit aufreißen.

Dennoch erregte das Kunstwerk Aufsehen. Die eigentliche Erfolgsgeschichte begann im 19. Jahrhundert. 1850 wurde in Furtwangen die Großherzoglich Badische Uhrmacherschule gegründet - und ihr Direktor Robert Gerwig beschloss, die kostbare Uhr aufzuhübschen. Er schrieb einen Wettbewerb für zeitgemäßes Design aus - und diesen gewann nicht etwa ein Künstler oder ein Uhrmacher, sondern ein Architekt. Friedrich Eisenlohr (1805–1854) war eigentlich für den Bau von Bahnhöfen bekannt, und so verwundert es nicht, dass seine Uhr wie ein typisches Bahnwärterhäuschen aussah. Es dauerte nur wenige Jahre, bis dieses neue Gehäuse alle anderen Formen weitgehend vom Markt verdrängt hatte. Viele Hersteller gingen nun auch dazu über, ihre Uhren mit allerlei Schnitzereien zu verzieren - am beliebtesten waren Jagdszenen mit Fuchs, Hirsch und Hase. 1862 erfand schließlich Johann Baptist Beha aus Eisenbach die bekannten Gewichte in Form von Tannenzapfen. Und fertig war die klassische Kuckucksuhr!

In Schonach baute Uhrmacher Josef Dold 1977 bis 1980 eine begehbare Kuckucksuhr im Maßstab 50 : 1.

1748

Der Uhrenpater vom Schwarzwald

Thaddäus Rinderle war Benediktiner und Priester – und zudem ein begnadeter Tüftler und Mathematiker. Doch einen Namen hat er sich hauptsächlich als »Uhrenpater vom Schwarzwald« gemacht, zumal er sein umfangreiches Wissen großzügig an die dortigen Uhrmacher weitergab.

Geboren wurde Thaddäus Rinderle 1748 als Sohn eines Landpächters in Staufen. Von 1763 bis 1766 war er Schüler im Klostergymnasium St. Peter im Schwarzwald. Mit 19 Jahren trat er in den Benediktinerorden in St. Peter im Schwarzwald ein, seine Profess legte er 1767 ab, die Priesterweihe empfing er 1772.

Wie viele andere Einrichtungen dieser Art war damals auch das Kloster St. Peter ein Zentrum der Bildung und Wissenschaften, wo Talente aller Art gefördert wurden. So erwies sich Rinderle als brillanter Mathematiker, was auch dem damaligen Abt Philipp Jakob Steyrer auffiel. Er schickte den jungen Mann an die Universität Salzburg, um ihm dort Gelegenheit zu geben, seine Studien zu vertiefen. Nach seiner Rückkehr in den Schwarzwald lehrte Rinderle Mathematik an der Universität Freiburg, in deren Hörsälen damals nur junge Männer saßen. 1788 ernannte ihn die philosophische Fakultät zum Professor der angewandten Mathematik an der Freiburger Hochschule, wo er bis 1820 tätig war – übrigens als letzter Professor in Mönchshabit.

Doch es waren nicht nur allein nackte Zahlen und Formeln, die Thaddäus Rinderle begeisterten. Vielmehr war er ein Praktiker durch und durch und konstruierte verschiedene Maschinen und Messinstrumente. Auf sein Konto gingen zudem Nivellierungsmaschinen, also Messinstrumente, mit denen Höhenunterschiede gemessen werden, und zwei mächtige Globen, die er zusammen mit einem Mitbruder anfertigte.

Vor allem aber schlug sein Herz für den Uhrenbau. 1787 konstruierte er eine geografisch-astronomische Uhr, die er bis zu seinem Lebensende nicht aus den Händen gab. Sie zeigt neben der Uhrzeit die Kalenderheiligen sowie die Dauer von Tag und Nacht auf allen wichtigen Punkten der Erde, den Anfang und das Ende aller Mond- und Sonnenfinsternisse und den Lauf der nördlichen Gestirne.

1859 ging sie in den Besitz der Uhrmacherschule Furtwangen, das heutige Uhrenmuseum, über, wo sie immer noch bewundert werden kann. Es war übrigens das erste Objekt, das die Uhrensammlung nachweislich gekauft hatte. Dieses Prachtstück trug Rinderle denn auch die Bezeichnung »Uhrenpater« ein, seine astronomische Uhr sollte Schwarzwälder Uhrmachern als Vorbild für ihre eigenen Produkte dienen. Zudem entwickelte er verschiedene Werkzeuge und Maschinen, die die Arbeit der Uhrmacher vereinfachten.

Thaddäus Rinderle wurde 1824 auf dem Alten Friedhof in Freiburg begraben. Die Grabinschrift lautet: »Vieles hat er bestimmt mathematisch / mit Ziffer und Buchstab / Aber die Stunde des Tods / bleibt unbekannter als x.« Bei dem Grabmal handelt es sich allerdings um eine Kopie; das Original befindet sich unter dem Dach der Einsegnungshalle des Friedhofs in seiner Heimatstadt Staufen, wo auch eine Schule nach dem begabten Tüftler benannt wurde.

▲ Das Kloster St. Peter im Schwarzwald. ◀ Thaddäus Rinderle war Schüler im Kloster St. Peter.
▶ In Staufen erinnert ein Grabstein an den Uhrenpater.

RINDERLE
PROFESSOR.

Johann Peter
Hebel,
Badens
erſter Prälat,
lieblicher,
allemanniſcher
Sänger
und
gemüthlich heiterer
Volks Erzähler.

1760

Amüsante Geschichten fürs Volk

Der Pädagoge, Schriftsteller und Theologe Johann Peter Hebel gilt gemeinhin als Pionier der alemannischen Mundartliteratur. Populär wurde er vor allem wegen seiner amüsanten Geschichten fürs Volk, die sich um den ganz normalen Alltag ranken.

Aus Hebels Feder stammen unter anderem die »Alemannischen Gedichte«, in denen er die südbadische Lebensart, die Landschaft und den Dialekt würdigte. Kein Wunder, dass sich seine Kalendergeschichten, die er für den »Rheinischen Hausfreund« verfasste, auch heute noch größter Beliebtheit erfreuen. Zu den bekanntesten zählt »Kannitverstan«, die die Erlebnisse eines Tuttlinger Handwerksburschen im fernen Amsterdam beschreibt.

Geboren wurde Hebel am 10. Mai 1760 in Basel. Da seine Eltern, die dort bei einem Patrizier angestellt waren, regelmäßig zwischen ihrem Arbeitsort und Hausen im Wiesental, dem Heimatort seiner Mutter Ursula, pendelten, besuchte er ab 1766 die dortige Volksschule, bevor er 1769 an die Lateinschule in Schopfheim wechselte. Nach seinem Theologiestudium in Erlangen trat er zunächst eine Stelle als Hauslehrer und Vikar in Hertingen an. 1783 wurde er dann Lehrer am Pädagogium in Lörrach. 1791 kehrte er Südbaden den Rücken, nachdem er als Subdiakon an das Akademische Gymnasium in Karlsruhe berufen wurde. Dort unterrichtete er neben anderen Fächern auch Botanik und Naturgeschichte. Seiner alten Heimat blieb Johann Peter Hebel jedoch weiterhin eng verbunden. 1799 begann er, die »Alemannischen Gedichte« zu verfassen, in denen er seine scharfsinnigen und humorvollen Betrachtungen über Land und Leute festhielt: »Z' Müllen an der Post, Tausigsappermost! Trinkt me nit e guete Wii! Goht er nit wie Baumöl ii, z'Müllen an der Post!«, schwärmte der berühmte Schriftsteller beispielsweise in »Der Schwarzwälder im Breisgau«. Bestimmt ahnte er nicht, dass seine Zeilen »Z' Friburg in de Stadt, sufer isch's un glatt« lange nach seinem Tod als aufgedrucktes Zitat die Freiburger Müllkutschen verzieren würden. Hebel durfte sich jedoch schon zu Lebzeiten über eine große Fangemeinde freuen, zu der auch der Dichterfürst Johann Wolfgang von Goethe und die Brüder Grimm gehörten.

Im Schuldienst ging es für den fleißigen Schreiber auf der Karriereleiter ebenfalls steil nach oben: 1808 wurde er zum Direktor des Karlsruher Gymnasiums ernannt. 1818 begann er mit der Arbeit an den »Biblischen Geschichten«, die als Lehrbuch für den Religionsunterricht genutzt wurden.

Allen Erfolgen zum Trotz ließ ihn das Heimweh nach seiner alten Heimat jedoch nie los, doch sein innigster Wunsch, eine Pfarrei im Wiesental zu übernehmen, wurde nie erfüllt.

Gezeichnet von seiner Darmkrebserkrankung starb Johann Peter Hebel auf einer Dienstreise am 22. September 1826 in Schwetzingen, wo er auch seine letzte Ruhestätte fand.

Zu Ehren des Dichters wird heute noch alle zwei Jahre vom Land Baden-Württemberg der Hebelpreis verliehen, mit dem jene ausgezeichnet werden, die mit ihren publizistischen Werken den berühmten Dichter beziehungsweise den alemannischen Sprachraum würdigen.

▲ Das Hebelhaus in Hausen im Wiesental. ◀ Johann Peter Hebel.
▶ Erinnerung an den alemannischen Dichter.

1762

Die Frau an Mozarts Seite

Das ist nun mal das Problem, wenn man einen berühmten Mann wie Wolfgang Amadeus Mozart heiratet: Als Ehefrau steht man da immer ein bisschen in dessen Schatten. Und das, obwohl die Nachwelt hauptsächlich Constanze Mozart, geborene Weber, das musikalische Erbe des gleichermaßen musikalischen wie geschäftsuntüchtigen Genies zu verdanken hat.

Geboren wurde Constanze Weber am 5. Januar 1762 in Zell im Wiesental als dritte Tochter des Zeller Amtmanns Fridolin Weber und der Maria Cäcilia Stamm. Wie schon ihr Großvater stand auch ihr Vater im Dienst des Barons von Schönau – bis der sich mit seinem Dienstherrn so heftig stritt, dass die Familie 1765 mit Sack und Pack ihrem Heimatort den Rücken kehrte und sich in Mannheim niederließ.

Im Gepäck befand sich eines der beiden Klaviere von Fridolin Weber – und auf dem sollte später auch Wolfgang Amadeus Mozart spielen, den die Webers in Mannheim kennengelernt hatten. Das musikalische Genie verbrachte viel Zeit in ihrem Haus – und verliebte sich prompt bis über beide Ohren. Allerdings nicht in Constanze, sondern in ihre Schwester Aloysia, die seine Gefühle jedoch nicht erwiderte. Erst als er und Constanze sich nach dem Tod ihres Vaters in Wien wiederbegegneten, funkte es zwischen den beiden – sehr zum Missfallen von Mozarts Vater Leopold, der zeit seines Lebens kein gutes Haar an seiner Schwiegertochter ließ. Was seinen Sohn nicht davon abhielt, seine Constanze drei Wochen nach der Uraufführung der »Entführung aus dem Serail« zu heiraten. Die beiden führten eine von Höhen und Tiefen geprägte, aber nichtsdestotrotz sehr glückliche Beziehung, bis Wolfgang Amadeus Mozart 1791 im Alter von 35 Jahren starb und sein »Stanzerl«, wie er seine Frau stets liebevoll genannt hatte, mittellos mit zwei kleinen Söhnen zurückließ.

Gerade mal neun Jahre war sie mit ihm verheiratet gewesen, doch mehr als fünfzig Jahre ihres Lebens widmete sie sich in unterschiedlichster Form seinem musikalischen Erbe, das es zu verwalten und erhalten galt. Unter anderem mit Konzerten, bei denen Constanze als Sängerin auftrat. Dank der Unterstützung vieler befreundeter Musiker machte sie Mozarts Werke in der ganzen Welt populär – und konnte sich zudem finanziell über Wasser halten. 1793 begegnete sie ihrem zweiten Ehemann, dem dänischen Diplomaten Georg Nicolaus von Nissen, der sich von ihrer Begeisterung für Mozarts Kompositionen nur allzu gern anstecken ließ und mit ihr zusammen in Salzburg Mozarts erste Biografie schrieb. 17 Ehejahre durfte das Paar miteinander verbringen, bevor Constanze 1826 zum zweiten Mal Witwe wurde. Ihre letzten Lebensjahre verbrachte sie in Salzburg, wo sie 1842 starb.

Als Hommage an die berühmteste Tochter der Stadt wurde in Zell im Wiesental ein Constanze-Mozart-Boulevard eingerichtet, der auf zwölf in das Trottoir eingelegten Steinplatten an ihre wichtigsten Lebensdaten erinnert. Und dann gibt es da noch diese zartcreme-rosafarbene Rose »Constanze Mozart«, die so auf der Blumeninsel Mainau von Gräfin Bernadotte getauft wurde.

▲ Constanze Mozart wurde in Zell im Wiesental geboren.
◀ Wolfgang Amadeus Mozart. ▶ Constanze Mozart.

MARKGRAF CARL WILHELM
LEGTE DEN ERSTEN GRUNDSTEIN ZU SEINEM
NEUEN WOHNSITZ UND DIESER STADT
AM 17. IUNY 1715.

1766

Ein Architekt prägt die Region

Was haben das Schopfheimer Rathaus, das Schloss Bauschlott und das Forstamt in Gernsbach gemeinsam? Richtig, sie wurden alle von dem Karlsruher Friedrich Weinbrenner, einem der bekanntesten Architekten und Baumeister des Klassizismus, entworfen. In erster Linie hat Weinbrenner jedoch wie kein anderer das Erscheinungsbild seiner Heimatstadt Karlsruhe geprägt. Charakteristisch für seinen Baustil sind dorische Säulen, Dreiecksgiebel über Gebäudefronten und Portalen sowie die harmonisch angeordneten rechteckigen Fenster, wie unschwer an den Gebäuden rund um den Karlsruher Marktplatz zu erkennen ist. Dort befindet sich auch die von ihm entworfene Pyramide – Wahrzeichen von Karlsruhe und Mausoleum des Stadtgründers Karl Wilhelm von Baden-Durlach und zudem die einzige Pyramide aus Stein mitten in einer Stadt.

Weinbrenners Devise, dessen Talent auch über die Stadtgrenzen hinaus geschätzt wurde, lautete: »Ein denkender Baumeister braucht nicht jedes Detail sklavisch nachzuahmen.« So haben ihm die Baden-Badener das Kurhaus zu verdanken, und in Badenweiler geben sich auch heute noch in dem von ihm entworfenen »Lustschlösschen« Brautleute das Jawort.

Geboren wurde Friedrich Weinbrenner am 24. November 1766 als Sohn eines Hof-Zimmermeisters. Mit 14 Jahren verließ er die Schule, um das Zimmermannshandwerk zu erlernen. Als sein Vater zwei Jahre später starb, übernahm er dessen Betrieb, da sich sein älterer Bruder zu diesem Zeitpunkt auf Reisen befand. Doch Friedrich Weinbrenner wollte mehr als nur Zimmermann sein. Nach der Rückkehr des Bruders besuchte er das Gymnasium, um sich weitere Kenntnisse, unter anderem in Physik und Mathematik, anzueignen. War er zunächst noch als Baumeister in der Schweiz tätig, studierte er anschließend an den Bauakademien in Wien und Dresden, gefolgt von einem Aufenthalt in Berlin, wo er sich intensiv mit der antiken Baukunst beschäftigte, die ihm zeit seines Lebens als Vorbild für seine Werke dienen sollte.

1792 ging Weinbrenner auf eine mehrjährige Italienreise. In Rom verbrachte er viel Zeit mit archäologischen Studien und lernte dabei andere deutsche Künstler kennen, die sich ebenfalls in der »Ewigen Stadt« aufhielten. Doch irgendwann wurde der Aufenthalt in Rom für den Ausländer infolge der Französischen Revolution zu gefährlich, und Weinbrenner musste Italien schweren Herzens verlassen. Nach seiner Rückkehr arbeitete er zunächst in Karlsruhe, wo er noch am Tag seiner Ankunft in den Staatsdienst berufen wurde, dann in Straßburg und Hannover, bevor er endgültig nach Karlsruhe zurückkehrte und als badischer Oberbaudirektor Karriere machte. Friedrich Weinbrenner war zudem ein erfolgreicher Lehrer und bildete mehr als einhundert Schüler aus, veröffentlichte ein architektonisches Lehrbuch und machte sich um den Denkmalschutz verdient.

1824 erkrankte Weinbrenner schwer. Zwar konnte er seine Planung der staatlichen Münze, der kleinsten Münzprägestätte Deutschlands, noch vollenden, doch die Grundsteinlegung musste ohne ihn stattfinden: Friedrich Weinbrenner starb am 1. März 1826 im Alter von 59 Jahren.

Wahrzeichen von Karlsruhe: die Pyramide von Friedrich Weinbrenner.

1770

Ein Karlsruher bezwingt den Rhein

Warum es am Rhein so schön ist – die Frage darf sich jeder selbst beantworten. Dass er aber schnurgerade in seinem Bett verläuft, ist Johann Gottfried Tulla zu verdanken, der als Oberingenieur im Dienst des Markgrafen von Baden stand. Bekannt wurde er auch als Erbauer von Straßen und Brücken.

Geboren wurde Johann Gottfried Tulla am 20. März 1770 als Sohn eines evangelischen Pfarrers in Karlsruhe. Nach dem Besuch der höheren Schule war er zunächst als Landvermesser tätig. Markgraf Karl Friedrich entschloss sich jedoch, den begabten jungen Mann zu fördern, und gewährte ihm ein Stipendium, das es Tulla ermöglichte, auf wissenschaftlichem Gebiet tätig zu werden. An der Freiberger Bergakademie erwarb er sich Kenntnisse der Hydraulik und des Berg- und Maschinenbaus, in Holland lernte er Wasserbauten aller Art kennen, in Norwegen wirkte er bei der Überprüfung einer Staatssaline, einer Anlage für den Gewinn von Speisesalz, mit.

1797 trat Tulla in die Dienste des Markgrafen von Baden ein. Als Chef des »Badischen Wasser- und Straßenbaus« erstellte er unter anderem die Pläne, nach denen die Dreisam in Freiburg begradigt wurde. Tulla ließ Dämme gegen das Hochwasser errichten, und das schnell fließende Wasser wurde mit Schwellen ausgebremst. Die neu entstandenen Flächen konnten für die Landwirtschaft genutzt werden.

1801 ging Tulla nach Paris, um seine Ausbildung zu vertiefen. Beeindruckt von der dortigen polytechnischen Schule, gründete er 1807 die erste deutsche Ingenieurschule in Karlsruhe, aus der durch den Zusammenschluss mit Friedrich Weinbrenners Architekturschule und anderen Instituten die heutige Universität entstand.

1809 legte er einen ersten Plan zur Kanalisierung und Vertiefung des verschlungenen und wilden Oberrheins vor. Mit der Rheinbegradigung sollten die Hochwassergefahr gesenkt, das Land entlang des Stroms entsumpft und urbar gemacht, die Seuchengefahr eingedämmt und die Schifffahrt erleichtert werden. Sein Vorhaben stieß jedoch bei der Rheinbevölkerung, die wirtschaftliche Nachteile befürchtete, zunächst auf wenig Gegenliebe. Mehr noch: Der Protest gegen das Projekt war so groß, dass es teilweise mit Waffengewalt durchgesetzt werden musste – allerdings nur so lange, bis bei einem großen Hochwasser die bereits begradigten Gebiete, wie von Tulla geplant, von Überschwemmungen verschont blieben. Die Kritiker verstummten, und die weiteren Arbeiten konnten ungestört fortgesetzt werden. Fast sechzig Jahre dauerte es, bis Vater Rhein in sein heutiges Bett gezwungen werden konnte: Beim Abschluss der Rhein-Korrektur 1876 war der Fluss etwa 81 Kilometer kürzer als zuvor, und das Hochwasser am Oberrhein ließ deutlich nach.

Tulla selbst erlebte die Fertigstellung der Rhein-Regulierung nicht mehr: Er starb am 27. März 1828 nach schwerer Krankheit und wurde auf dem Friedhof am Montmartre in Paris begraben. Ihm zu Ehren wurde das Tulladenkmal errichtet, das bei Karlsruhe zwischen dem Rheinhafen und Maxau steht. In Breisach erinnert der Tullaturm auf der Nordseite des Münsterbergs an den Mann, der der Natur seinen eigenen Stempel aufgedrückt hat.

◀ Johann Gottfried Tulla. ▶ Tullaturm in Breisach. ▼ Bildnis von Tulla am gleichnamigen Turm.

JOHANN GOTTFRIED

1784

Sanfte Landung im Misthaufen

Gut, bei Ikarus ging die Sache mit dem Fliegen bekanntermaßen gründlich schief. Was jedoch Carl Friedrich Meerwein, seines Zeichens Markgräflich-Badischer Landbaumeister, nicht daran hinderte, ebenfalls einen Versuch zu wagen, es den Vögeln gleichzutun. So soll sich der Leiselheimer 1784 dank eines von ihm konstruierten Flugapparats in die Lüfte erhoben haben.

Meerweins kühnes Experiment war allerdings rasch beendet, wenn man den Überlieferungen Glauben schenken darf. Zwar betrug die Strecke, die er mit seinem Ornithopter vom Burgberg Emmendingen aus mit eigener Muskelkraft zurücklegte, immerhin 50 (andere behaupten 150) Meter, doch landete er wenig rühmlich in einem Misthaufen, was für manch spöttische Bemerkung gesorgt haben dürfte. Vielleicht war es ihm ein kleiner Trost, dass er im Gegensatz zu Ikarus wenigstens ungeschoren an Leib und Leben davongekommen war. So oder so, sein Flugversuch erregte in der Öffentlichkeit nur mäßiges Interesse. Diesbezüglich war den Gebrüdern Montgolfier, die 1783 im französischen Annonay im Heißluftballon zu ihrem Höhenflug starteten, weitaus mehr Erfolg beschieden, denn deren erste Fahrt löste wahre Begeisterungsstürme aus – wobei Meerwein den Heißluftballon abfällig als »schwimmenden Fisch« bezeichnete.

Geboren wurde Meerwein 1737 in Leiselheim als Sohn eines Pfarrers. Nach seiner Lehre beim Hochfürstlichen Bauamt studierte er in Straßburg und in Jena, bevor er 1764 erneut beim Bauamt seinen Dienst antrat. 1769 war er als Landbaumeister für das Bauwesen für den Bereich zwischen Emmendingen und Lörrach zuständig. Von seiner Tätigkeit als Baumeister zeugen unter anderem die evangelische Kirche und das Rathaus in Opfingen, die von ihm geplant wurden.

Aber da war immer noch die Sache mit dem Fliegen, die ihm im Kopf herumspukte. »Der Mensch, sollte der nicht auch mit Fähigkeiten zum Fliegen gebohren seyn?«, schrieb er in einer 1784 erschienenen Abhandlung, in der er die Konstruktion eines selbst entworfenen Fluggerätes vorstellte, das er Ornithopter nannte. Die Spannweite desselben betrug rund 10 Meter, sein Gewicht etwa 100 Kilogramm, die Flügel des Apparats waren beweglich. Als Vorbild für seine Konstruktion diente ihm die Vogelwelt.

Doch während sich immer mehr Pioniere daranmachten, in die Luft zu steigen, war Meerwein nach seinem ersten Versuch die Lust aufs Fliegen offensichtlich gründlich vergangen, denn für weitere Experimente mit dem Ornithopter gibt es keinerlei handfeste Beweise. Der Flugpionier starb 1810 nach einem Sturz vom Pferd. Sein Flugapparat soll übrigens mehr als hundert Jahre auf einem Speicher gelegen haben, bevor er von einem Enkel Meerweins Ende des 19. Jahrhunderts auf den Müll befördert wurde. Egal, ob Meerweins erster Flug nun Dichtung oder Wahrheit ist, er gilt als Held seiner Zeit. Auch in Emmendingen, wo heute noch so manches an den Flugpionier und Tüftler erinnert. So tragen eine Schule und eine Straße seinen Namen, und mitten auf dem Marktplatz plätschert ein Meerwein-Brunnen vor sich hin.

Der Meerwein-Brunnen in Emmendingen.

1791

Mönche gründen Bierbrauerei

Unter Bierkennern dürfte sie zu den populärsten Werbeikonen gehören: Biergit Kraft. Denn das liebreizende Schwarzwaldmädel schmückt seit Jahren das Etikett der Zäpfleflaschen, die aus der Rothaus-Brauerei stammen. Den doppeldeutigen Namen, der ins Hochdeutsche übersetzt »Bier gibt Kraft« bedeutet, bekam die Maid in typischer Backenhaubentracht irgendwann von ihren Fans verliehen.

Die Geschichte des Rothausbiers geht allerdings wesentlich weiter als bis zur Geburtsstunde der rotwangigen Biergit Kraft zurück. Gegründet wurde die Rothaus-Brauerei im Hochschwarzwald 1791 vom Benediktinerkloster St. Blasien bei der Gaststätte »Zum Rothen Haus«. Und zwar auf Bestreben von Fürstabt Martin Gerbert, der damals dem Kloster vorstand. Was insofern verwunderlich war, da der Kirchenmann dem Alkoholgenuss mehr als kritisch gegenüberstand. Doch zum einen wollte er mit dem selbst gebrauten Gerstensaft das leidige Schnapstrinken der männlichen Bevölkerung unterbinden, zum anderen war es ihm ein Dorn im Auge, dass aus dem nicht weit gelegenen fürstenbergischen Donaueschingen Bier eingeführt wurde, da die dortige Brauerei schon im 13. Jahrhundert von König Rudolf I. von Habsburg das Braurecht erhalten hatte. Es war also an der Zeit, den Donaueschingern Konkurrenz zu machen. Die Bedingungen für die neue Brauerei waren jedenfalls perfekt. Es gab ausreichend Wasser und jede Menge Holz zum Heizen. Zudem lag sie an der Handelsstraße von Freiburg nach Waldshut. Potenzielle Kundschaft für das promillehaltige Getränk gab es also mehr als genug. Das Einzige, was vor Ort fehlte, war die Braugerste, doch die konnte aus Rottweil bezogen werden.

1806 fiel die Brauerei im Zuge der Säkularisierung an das Großherzogtum Baden und hieß fortan »Großherzogliche Badische Staatsbrauerei Rothaus«. Was dem florierenden Biergeschäft keinerlei Abbruch tat. 1875 investierte die Brauerei unter anderem in einen Eisenbahnspezialwaggon für den Transport, eine neue stärkere Dampfmaschine und in einen neuen Eiskeller. Ein paar Jahre später durfte sich die Kundschaft über das erste Bier in Flaschen freuen. Das erste Rothaus-Flaschenbier wurde übrigens Weihnachten 1892 in St. Blasien verkauft. Als die Monarchie 1918 infolge der Novemberrevolution abgeschafft wurde, wurde die Brauerei vier Jahre später in eine Aktiengesellschaft umgewandelt und in »Badische Staatsbrauerei Rothaus« umbenannt. Einziger Aktionär ist bis heute das Land Baden-Württemberg.

Auch andernorts wurde die Braukunst im Schwarzwald gepflegt. So wurde in Waldhaus 1833 eine Privatbrauerei gegründet. Oder in Wolfach im Kinzigtal, wo es 1855 gleich drei Brauereien gab. In Hornberg im Schwarzwald wiederum erwarb ein gewisser Michael Ketterer 1877 die kleine Gasthausbrauerei »Zum Felsen« und schaffte es, sich mit seinem Produkt gegen die zahlreichen umliegenden Brauereien durchzusetzen. Im selben Jahr entschied sich auch Johann Gottfried Glauner, angesichts der entstehenden Eisenbahnlinie die stillgelegte Brauerei in Alpirsbach wieder in Betrieb zu nehmen. Zudem brauten viele Gastwirtschaften ihr eigenes Bier.

Dennoch können sich die Schwarzwälder nicht damit rühmen, die Kunst des Bierbrauens erfunden zu haben. Denn schon viel früher auf den Geschmack gekommen waren die Kelten, die sich ein aus Weizen oder Gerste hergestelltes Gebräu, genannt »Korma«, durch die Kehle rinnen ließen und vermutlich so manch feucht-fröhlichen Abend verbracht haben dürften.

▲ Die Brauerei Rothaus wurde von Mönchen gegründet. ▼ Bekannte Werbeikone: Biergit Kraft.

Badische Staatsbrauerei
Rothaus AG

Rothaus
PILS

A. Ruth & Sohn WaldKirch i.B.

1806

Die Stadt mit der höchsten Orgeldichte

Am Ortseingang von Waldkirch ziehen die beiden weltgrößten Musikwalzen aus Granit die Blicke auf sich. Überhaupt dürfte die Stadt – prozentual auf die Einwohnerzahl gerechnet – die höchste Orgeldichte in Deutschland aufweisen, denn die Tradition des Orgelbaus reicht bis ins 19. Jahrhundert zurück.

Zu den bekanntesten Orgelbauern gehört Ignaz Bruder, geboren 1780 in Zell am Harmersbach, der irgendwann seine Leidenschaft für das Zusammenspiel von Musik und Technik entdeckte. Obwohl er eigentlich gelernter Maurer war, baute er die ersten Flötenuhren und verzierte sie liebevoll mit Figürchen, die sich mechanisch bewegten. Was als Hobby an langen kalten Winterabenden begann, sollte schließlich zu seinem Beruf, oder besser gesagt: seiner Berufung werden. 1806 fertigte er seine erste kunstvoll gestaltete Drehorgel an. Arbeitete er zunächst noch in seiner Werkstatt in Simonswald, ließ er sich 1834 in Waldkirch nieder und eröffnete dort eine Orgelmanufaktur. Der Erfolg ließ nicht lange auf sich warten, und bald schon wurden seine Musikautomaten weit über den Schwarzwald hinaus exportiert. Zu Bruders Kunden zählten hauptsächlich gut betuchte Bürger, die es sich leisten konnten, solch einen Musikautomaten ins Wohnzimmer zu stellen. Bruders Begeisterung für mechanische Musik wurde offensichtlich von seinen fünf Söhnen geteilt, die ebenfalls das Handwerk des Musikwerkmachers erlernten. Sie bauten das Unternehmen weiter aus, bis wiederum ihre Söhne das Ruder übernahmen.

Auch andere Orgelbauer ließen sich in der Stadt im Schwarzwald nieder. So der gebürtige Waldkircher Andreas Ruth, der in Furtwangen das Uhrenhandwerk erlernt hatte. Nachdem er in der Werkstatt von Ignaz Blasius Bruder die notwendigen Kenntnisse im Orgelbau erworben hatte, gründete er 1841 sein eigenes Unternehmen, in dem er zunächst Spieluhren und Hackbretter herstellte, bevor er sich auf den Bau von Drehorgeln konzentrierte. Selbst das Pariser Unternehmen Gavioli eröffnete eine Filiale in Waldkirch – und brachte die Lochkartensteuerung für die Instrumente mit. Was sich für die einheimischen Orgelbauer, die bis dato noch ihre Musikstücke auf Walzen programmiert hatten, als Segen erwies, denn mit der neuen bahnbrechenden Technik konnten selbige jetzt wesentlich schneller gewechselt werden.

Wie viele andere bekamen jedoch auch die Waldkircher Orgeldynastien den Fortschritt zu spüren: Musik vom Grammophon und aus dem Radio machte mechanische Musikinstrumente überflüssig, die Unternehmen mussten wegen mangelnder Nachfrage schließen.

Was nicht bedeutet, dass nicht immer noch gut erhaltene Musikinstrumente existieren. So die »Automatische Capelle« mit ihren fünf beweglichen Figuren, die in der Orchestrionfabrik der Gebrüder Weber in Waldkirch hergestellt wurde. Erworben wurde das Instrument um 1900 vom Wirt des Gasthauses »Sonne« in Bleibach, das 1909 Konkurs anmeldete. Wirte kamen und gingen, doch die Orgel blieb, bis das Gasthaus, zwischenzeitlich im Besitz der Firma Gütermann, verkauft wurde. Fand die »Automatische Capelle« zunächst noch im Gasthaus »Adler« in Gutach eine neue Heimat, wurde sie – nahezu voll funktionstüchtig – von der Firma Gütermann 1996 dem Elztalmuseum als Leihgabe zur Verfügung gestellt.

▲ Blick auf die Orgelstadt Waldkirch. ▼ Ein Mekka für Orgelliebhaber: das Elztalmuseum.

Ab 1808

Cego erobert den Schwarzwald

Zigo! Du himmlisch edeles Vergnügen! / Erlauchter Spiele Königin! / Du kannst Verdruss und herben Schmerz besiegen, / dein Reiz ergötzet Herz und Sinn. / Ja feierlich schalle der Jubelgesang / fröhlicher Brüder bei Becher Klang. *** So besungen wurde 1860 nicht etwa die Liebe, wie man annehmen könnte, sondern ein Kartenspiel, das es nur im Schwarzwald und seinen Randlagen gab. Wie es dorthin kam? Vielleicht hatte Napoleon seine Hände im Spiel!**

Im Mittelalter war das Würfelspiel die beliebteste Freizeitzerstreuung. Das wissen wir vor allem deshalb, weil es (aufgrund hoher Spielschulden) immer wieder zu Verboten durch die Obrigkeit kam. Kartenspiele existierten zwar auch schon, aber in Europa breiteten sie sich erst ab dem späten 14. Jahrhundert aus. Da sich um 1500 die französische Stadt Lyon zur Hochburg der Kartenproduktion entwickelte, dominierte bald das französische Blatt mit den Farben Pik (Lanze), Herz, Karo und Kreuz (Kleeblatt, Treff).

Und was wurde damit gespielt?

Hauptsächlich Tarock, ein Stichkartenspiel, dessen Urform vermutlich während der Frührenaissance in Norditalien entstand. Die Besonderheit waren die sogenannten Großen Arcana, eine Serie aus 21 durchnummerierten Karten, die ständige Trümpfe darstellten. Dazu kam der Narr, der sich zum 22. und höchsten Trumpf entwickelte.

Auch im Schwarzwald spielte man wie in den meisten habsburgischen Gebieten leidenschaftlich Tarock – bis sich zu Beginn des 19. Jahrhunderts plötzlich das Cegospielen ausbreitete. Was war geschehen?

Mittlerweile gehörte das Gebiet zum Großherzogtum Baden, und die Schwarzwälder mussten für das napoleonische Frankreich in den Krieg gegen Spanien ziehen. Zwischen den Kämpfen blieb aber offenbar immer Zeit für ein Kartenspiel. Die Franzosen spielten bevorzugt L'Hombre, ein Spiel, bei dem 13 Karten verdeckt auf dem Tisch liegen blieben und erst später aufgenommen wurden. Dieser *blinde* Stapel war beim Tarock bislang unbekannt. Von ihm leitet sich wohl der Name Cego her – schließlich heißt ciego (spanisch) nichts anderes als blind.

Nach der Rückkehr von den Feldzügen löste Cego das ursprüngliche Tarock ab. Gespielt wird mit 54 Karten – neben den 22 Trümpfen mit 16 Farbkarten (zu Bube, Dame und König kommt der Chavall, der Reiter) und 16 leeren Karten. Der höchste Trumpf heißt Gstieß, zeigt einen Spielmann und hat sich aus dem Narren entwickelt. Da die Regeln nicht aufgeschrieben, sondern mündlich tradiert wurden, hatte jeder Ort, mitunter sogar jede Spielrunde ihre eigene Auslegung. Mancherorts wurde mit vier Personen gespielt, andernorts nur mit drei. Als man 1932 für den Atlas der deutschen Volkskunde bundesweit die Frage nach dem beliebtesten Kartenspiel des Ortes stellte, antworteten ausschließlich die Bewohner von Baden und Hohenzollern und sechs württembergische Gemeinden mit *Cego*. Im Rest des Landes war das Spiel unbekannt.

Beinahe wäre es auch im Schwarzwald wieder von der Bildfläche verschwunden, denn als das Skatspiel aufkam, geriet Cego mehr und mehr in Vergessenheit. Aber vor wenigen Jahrzehnten wurde es wiederentdeckt. Es sei vielfältiger und lustiger als Skat, sagen seine Anhänger. Und oft schwingt dann auch ein gewisser Stolz auf die alte Tradition mit.

▲ »Die Kartenspieler« von Paul Cézanne, Metropolitan Museum of Art.
▼ Der höchste Trumpf heißt Gstieß, ganz vorne im Bild.

KURHAUS
CASINO

25
17
34

1824

»Rien ne va plus«

Könige und Scheichs, Stars und Sternchen – alle wollten sie hier schon ihr Glück herausfordern. Das Casino in Baden-Baden, das seinen Sitz im Kurhaus hat, zählt zu den ältesten Spielbanken in Deutschland, in dem sich alles um Roulette, Black Jack, Poker und Spielautomaten dreht. In stilvollem Ambiente, versteht sich. So soll Marlene Dietrich das Casino als »die schönste Spielbank der Welt« bezeichnet haben.

Das Glücksspiel in Baden-Baden, zu dem Markgraf Ludwig Georg 1748 höchstpersönlich seine Erlaubnis erteilte, galt schon im 18. Jahrhundert als beliebter Zeitvertreib. Damit alles seine Ordnung hatte, standen die Spielstätten unter der Aufsicht einer markgräflichen Spielkommission. Allerdings waren besagte Räumlichkeiten damals längst noch nicht so feudal wie heute, denn gewonnen und verloren wurde hauptsächlich in Nebenzimmern diverser Gasthäuser. Es sollte bis 1824 dauern, bis die ersten Roulettekugeln im heutigen Kurhaus, errichtet nach den Plänen des bekannten Architekten Friedrich Weinbrenner, ins Rollen kamen.

Die Lizenz, eine Spielbank führen zu dürfen, erhielt zunächst der Franzose Antoine Chabert und anschließend sein Sohn Joseph Antoine. Als der nach einem Reitunfall verstarb, trat Jean Jacques Bénazet 1838 seine Nachfolge an. Schon zuvor war er Mitpächter von zehn Casinos in Paris gewesen – bis König Louis-Philippe das Glücksspiel in Frankreich verbot. Was sich als Glücksfall für Baden-Baden erwies: Bénazet kümmerte sich fortan nicht nur um den florierenden Spielbetrieb, sondern stellte auch ein ansprechendes Kulturprogramm auf die Beine, um die Schönen und Reichen zu unterhalten. Zu den Stars, die auf sein Bestreben hin in Baden-Baden auftraten, gehörte unter anderen der Komponist und Pianist Franz Liszt.

Glanzvolle Jahre und französisches Flair wurden der »Sommerhauptstadt Europas« anschließend von Oscar Edouard Bénazet, respektvoll »Roi de Bade« genannt, beschert, der die Nachfolge seines Vaters angetreten hatte. Mit Mitteln aus den Spielbankeinnahmen finanzierte er neben diversen Veranstaltungen Parks und Gebäude. Auf sein Betreiben hin bekam Baden-Baden ein Theater, das er im Stil der Pariser Oper erbauen ließ. Eröffnet wurde die Spielstätte 1862 mit der Oper »Béatrice et Bénédict«, die Hector Berlioz eigens für diesen Anlass komponiert hatte. Ein weiterer Besuchermagnet, den die Stadt dem rührigen Geschäftsmann zu verdanken hat, sind seit 1858 die »Internationalen Galopprennen«.

Ob Pferderennbahn oder Roulettetisch: Baden-Baden und das Glücksspiel waren und sind eng miteinander verbunden. Was sich für den einen oder anderen jedoch als Verhängnis herausstellte: »Ich war überglücklich, dass wir endlich diese verfluchte Stadt verließen, ich bin sicher, dass ich nie mehr hierherkommen werde. Auch meinen Kindern werde ich verbieten, nach Baden-Baden zu fahren, so viel Kummer hat mir diese Stadt gebracht«, schrieb etwa der russische Schriftsteller Fjodor Michailowitsch Dostojewski, der seine Spielsucht in seinem Roman »Der Spieler« literarisch verarbeitete. »Roulette bis sechs Uhr abends. Alles verloren«, hielt der russische Dichter Leo Tolstoj 1885 in seinem Tagebuch fest. Nicht so gut zu sprechen auf den Spielbetrieb war auch ein Mann, der 1988 mit seinem Geländewagen durch das Casino bretterte und dabei Teile der Inneneinrichtung zerstörte – angeblich aus Frust über seine hohen Verluste beim Glücksspiel. Nichtsdestotrotz heißt es jedoch bis heute: »Faites vos jeux.«

▲ Das Casino Baden-Baden lädt zum Glücksspiel ein. ▼ Roulette hat in Baden-Baden eine lange Tradition.

1826

Der Trompeter von Säckingen

Romanzen mit Happy End kommen immer gut an. So fand die Liebesgeschichte »Der Trompeter von Säckingen« von Joseph Victor von Scheffel ab dem Jahr 1870 so viele Fans, dass 1921 die 322. Auflage erschien und das Buch zeitweise zu den meistgelesenen Bücher Deutschlands gehörte. 1884 feierte die gleichnamige Oper in Leipzig Premiere, 1918 wurde ein Stummfilm in der Stadt gedreht – mit rund 200 Bürgerinnen und Bürgern als Statisten.

Joseph Victor von Scheffel wurde am 16. Februar 1826 in Karlsruhe geboren. Nach dem Jurastudium und der Promotion kam er 1850 als Rechtspraktikant am Bezirksgericht nach Säckingen. Dort hörte er auch von der (wahren) Liebesgeschichte der Adeligen Maria Ursula von Schönau und dem Bürgerlichen Franz Werner, die ihn zu seinem Werk inspirierte. Geschrieben hat er es im Verlauf seiner Italienreise auf der Insel Capri – obwohl er sich dort eigentlich als Landschaftsmaler verwirklichen wollte.

Wie auch immer, sein Versepos erschien 1854, der Grundstein für Scheffels Schriftstellerkarriere war gelegt. Nicht nur er und das Bad Säckinger Liebespaar sollten berühmt werden, auch der Kater Hiddigeigei, der dem Dichter als Sprachrohr diente, erlangte einen hohen Bekanntheitsgrad, jedenfalls wurde nach ihm um 1860 eine Pizzeria auf Capri benannt. Und natürlich begegnet man dem klugen Tier auch heute noch in Bad Säckingen, wenn auch nur in Form einer Skulptur auf dem Hiddigeigei-Brunnen beim Rathaus.

1855 erschien Scheffels historischer Roman »Ekkehard«, der von den Begehrlichkeiten der Herzogin Hadwig von Schwaben, die sich einen Lateinlehrer aus dem Kloster St. Gallen zur Unterhaltung auf ihre Burg Hohentwiel holt, erzählt. So richtig den Geschmack des Publikums traf Scheffel jedoch mit »Gaudeamus. Lieder aus dem Engeren und Weiteren«, eine Sammlung fröhlicher Lieder, deren Thema teilweise auf deutschen Legenden basierten und die ihm endgültig zum Durchbruch als erfolgreicher Schriftsteller verhalfen. Nach 1870 zählte Scheffel zu den populärsten Autoren in Deutschland. Seine Bücher wurden in immer höheren Auflagen veröffentlicht, vom Großherzog von Baden wurde ihm der Adelstitel verliehen. Scheffel wurde Ehrenbürger von Karlsruhe, Heidelberg, Säckingen und Radolfzell, in ganz Deutschland wurde er mit Denkmälern gewürdigt; Plätze und Straßen wurden nach ihm benannt.

Doch zurück zum echten »Trompeter von Säckingen« und der großen Liebe seines Lebens: Franz Werner und Maria Ursula von Schönau setzten sich über die Klassenschranken hinweg, heirateten um 1657 gegen den Willen von Marias adeliger Familie, freuten sich über fünf Kinder und führten ein angesehenes Leben in Säckingen, denn Franz Werner entpuppte sich als erfolgreicher Handelskaufmann, Ratsherr und Schulmeister und leitete den Knabenchor des St. Fridolinsmünsters. Allein – Trompeter war er nie, das hat ihm Scheffel schlicht angedichtet.

Tatsache jedoch bleibt, dass Franz Werner in Herzensangelegenheiten wesentlich mehr Glück beschieden war als dem Schriftsteller selbst. Diverse Heiratsanträge wurden von den Damen seiner Wahl abgelehnt, seine Ehe mit Caroline von Malzen, die er 1861 heiratete, ging in die Brüche. 1886 starb Joseph Victor von Scheffel in Karlsruhe.

◀ Trompeterin Melanie Bächle vor dem Bad Säckinger Schloss. ▶ Erinnerung an den »Trompeter von Säckingen«. ▼ In Bad Säckingen befindet sich die längste gedeckte Holzbrücke Europas.

1827

Märchenhafter Schwarzwald

In Literatur, Kunst und Musik herrscht das Zeitalter der Romantik. Es zeichnet sich durch große Gefühle aus, durch die allgegenwärtige Sehnsucht, die Hinwendung zur Natur, zum Unheimlichen und Mystischen. Beliebte Schauplätze von Sagen und Erzählungen sind Burgen, Ruinen, Friedhöfe – und dunkle Wälder. In dieser Epoche schuf der schwäbische Dichter Wilhelm Hauff das Schwarzwaldmärchen schlechthin: Das kalte Herz.

So beginnt die Erzählung: »Wer durch Schwaben reist, der sollte nie vergessen, auch ein wenig in den Schwarzwald hineinzuschauen; nicht der Bäume wegen, [...] sondern wegen der Leute, die sich von den anderen ringsumher merkwürdig unterscheiden.«

Die Geschichte vom Kohlenmunkpeter, einem jungen Köhlerburschen, beginnt mit einer Beschreibung von Landschaft, Menschen und Handwerk. Es geht um Glasmacher auf der einen Seite, um die Holzhändler und Flößer auf der anderen. Mit seiner Schilderung weicht Hauff von der romantischen Form ab und wendet sich dem Realismus zu. Das unbedingte und rücksichtslose Streben nach Macht und Ansehen – im Märchen immer mit Geld und Wohlstand gleichgesetzt – mutet wie eine moderne oder zumindest zeitlose Gesellschaftskritik an.

Peter Munk, der Kohlenbrenner, ist mit seinem rußigen Geschäft mehr als unzufrieden. Durchaus nachvollziehbar! Die Köhlerei war ein hartes Brot. Überall, wo es Glashütten oder Bergwerke gab, benötigte man Unmengen an Holzkohle. Die Köhler errichteten im Wald ihre Meiler – um einen Quandel (Kamin) herum aufgeschichtete Holzhaufen, die mit Pflanzenmaterial und Erde luftdicht abgedeckt und dann in Brand gesetzt wurden. In den folgenden Tagen oder Wochen musste der Köhler den Meiler am Glimmen halten, nicht zu viel und nicht zu wenig, bis die Holzkohle fertig war. Bei der Arbeit half oft die ganze Familie mit. Natürlich lebten die Köhler dort, wo sie das Holz fanden, das sie benötigten, also mitten im Wald. Sie galten aufgrund ihrer Nähe zur Wildnis und ihres schwarzen Aussehens als sonderbar und ein wenig unheimlich. Trotz der schweren Arbeit konnten sie es nicht zu Reichtum bringen und standen auf der untersten gesellschaftlichen Stufe.

Im Märchen trifft der Kohlenmunkpeter im tiefen Wald, beim Tannenbühl, wo »die Bäume so dicht und hoch standen, dass es am hellen Tag beinahe Nacht war«, zwei Sagengestalten: das freundliche und gütige Glasmännlein und den gierigen, bösen Holländermichel.

Mit den Gaben des Glasmännchens, des »Schatzhausers«, kann Peter nicht vernünftig umgehen und gerät schließlich an den finsteren Holländermichel, der ihm sein Herz abschwatzt und es durch einen kalten Stein ersetzt. So abgehärtet kommt der junge Mann endlich zu Reichtum und Wohlstand, aber der Preis ist hoch, denn seine Hartherzigkeit und Gefühllosigkeit verhindern auch jegliche Lebensfreude.

Aber zum Glück handelt es sich beim kalten Herz ja um ein Märchen! Am Ende kommt der Kohlenmunkpeter doch noch zur Besinnung, erhält mit einer List sein Herz zurück und findet sein bescheidenes Glück mit Frau, Kind und seinem Beruf, der ihm zwar keinen Reichtum, aber ein Auskommen beschert. »Es ist doch besser zufrieden sein mit wenigem als Gold und Güter haben und ein kaltes Herz«, erkennt er am Ende.

Wer mehr über die Geschichte, ihren Verfasser und die Hintergründe erfahren will, kann in Baiersbronn Hauffs Märchenmuseum besuchen.

In der Romantik wurde der Wald zum mystischen Sehnsuchtsort verklärt.

1837

Der Dichterfürst aus dem Kinzigtal

Fleißig war er, der Heimatdichter Heinrich Hansjakob. Bis zu seinem Tod hat er mehr als siebzig Bücher veröffentlicht, die sich hauptsächlich mit der Geschichte und den Bewohnern des Schwarzwalds beschäftigen. Doch bekannt wurde er nicht nur als Schriftsteller, sondern auch als streitbarer Politiker.

Heinrich Hansjakob nahm wahrlich kein Blatt vor den Mund, wenn es darum ging, Preußentum und Militarismus im wilhelminischen Kaiserreich zu kritisieren. Mit der Folge, dass er 1870 wegen aufrührerischer Reden und 1872 wegen Beamtenbeleidigung im Gefängnis landete. Als Zeichen seiner revolutionären Gesinnung trug der überzeugte Pazifist, Republikaner und Demokrat stets den schwarzen »Heckerhut«.

Geboren wurde Hansjakob 1837 in Haslach im Kinzigtal als Sohn eines Bäckers. 1849 erlebte er als Zwölfjähriger die Niederschlagung der badischen Revolution durch preußische Soldaten hautnah mit, was seine Gesinnung nachhaltig prägen sollte. Anders ausgedrückt: Hansjakob war zeit seines Lebens auf Krawall gebürstet. Nach dem Studium der Theologie und Philologie an der Universität Freiburg wurde er 1863 zum Priester geweiht, anschließend unterrichtete er erst in Donaueschingen und anschließend in Waldshut. Aufgrund »staatsfeindlicher Aussagen« musste er jedoch 1869 aus dem Schuldienst austreten. Bis 1883 war er dann als katholischer Pfarrer in Hagnau am Bodensee tätig, wo er 1881 den Hagnauer Winzerverein, die erste badische Winzergenossenschaft, gründete.

Trotz seines Engagements für das einfache Volk machte er aus seinem stockkonservativen Frauenbild keinerlei Hehl. Frauen sollten seiner Meinung nach zwar eine Schulausbildung erhalten, sich aber ansonsten um den Haushalt kümmern. Zudem war er überzeugter Antisemit. Auch vom Zölibat hielt er herzlich wenig, mindestens vier uneheliche Kinder soll er in die Welt gesetzt haben. Und er litt immer wieder unter Depressionen, die er mit Alkohol und Opiaten bekämpfte.

1884 trat er eine Stelle als Pfarrer der St.-Martins-Kirche in Freiburg an, die er bis 1913 innehatte. Während dieser Zeit ließ er am Rathausplatz und an der Kirche St. Martin Arkaden für Geschäftsleute einrichten, um Geld für den Stiftungsfonds der Pfarrei zu erwirtschaften. Typisch für ihn war, dass er gegen den Willen der Bistumsleitung einen größeren Kirchturm erbauen ließ.

Trotz seines ständigen Streits mit Kirche und Staat fand er noch genügend Zeit, sich der Schriftstellerei zu widmen. Ob Magd oder Bauer, ob Uhrmacher oder Hausierer – Hansjakob verfasste zahlreiche Porträts, aber auch politische Essays, Reiseberichte und Dokumentationen über Schwarzwälder Sitten und Gebräuche, Märchen und Sagen. Nach seiner Pensionierung zog er 1913 mit seiner Schwester und seiner Haushälterin in seinen neu erbauten Alterssitz, den Freihof in Haslach. Am 23. Juni 1916 verstarb Heinrich Hansjakob mit fast 79 Jahren. Unter großer Anteilnahme der Bevölkerung wurde er in der Gruft seiner zu Lebzeiten erbauten Grabkapelle im nahen Hofstetten bestattet. Vier Kilometer lang soll der Leichenzug gewesen sein. Einen Vertreter des Erzbischofs unter den Trauergästen suchte man allerdings vergeblich.

▲ Das Geburtshaus des Dichters Hansjakob in Haslach in Kinzigtal.
▼ Fachwerkidylle in Haslach im Kinzigtal.

In diesem Hause ist der
Volksschriftsteller
Heinrich Hansjakob
am 19 August 1837 geboren.
Gewiedmet von seinen Freunden
zum 60 Geburtstag.

studioK

1839

Erst belächelt, dann berühmt

Landschaftsdarstellungen und Motive aus der bäuerlichen Lebenswelt – zunächst war Hans Thoma mit seinen Gemälden kein Erfolg beim Publikum beschieden. Bis eine Kunstausstellung in München alles ändern sollte und er zu Deutschlands beliebtestem Landschafts- und Porträtmaler wurde.

Geboren wurde Hans Thoma 1839 als Sohn eines Holzarbeiters in Bernau im Schwarzwald, wo er in einfachen Verhältnissen aufwuchs. Zunächst machte er eine Lehre als Lithograf und Anstreicher in Basel, dann als Uhrenschildmaler in Furtwangen, brach jedoch beide Ausbildungen ab und ging zurück nach Bernau, wo er sich weiterhin autodidaktisch seinen Mal- und Zeichenstudien widmete. Offensichtlich mit Erfolg: 1859 erhielt er ein Stipendium für das Studium an der Großherzoglichen Kunstschule in Karlsruhe, das er in Düsseldorf fortsetzte. Doch seine Werke fanden weder beim Publikum noch bei seinen Kollegen Anklang. Daran konnte auch sein Aufenthalt in Paris nichts ändern, wo er sich künstlerisch vor allem von dem Maler Gustave Courbet beeinflussen ließ, den er dort persönlich kennengelernt hatte. Allein, seine Kritiker lehnten seine Technik der von ihm gemalten Figuren und Landschaften aufgrund der Verwendung »blasser« Farbwerte als »chinesisch« ab.

Als ein weiterer Versuch fehlschlug, sich in Karlsruhe als Künstler zu etablieren, ließ sich Thoma 1860 in München nieder. 1874 reiste er zum ersten Mal nach Italien, dem Sehnsuchtsort vieler Maler und Schriftsteller. Und er verliebte sich in das Malermodell Cella Berteneder, die er in Bad Säckingen heiratete. Nach der Hochzeit siedelte er mit seiner Familie nach Frankfurt am Main um, wo er mehr als zwanzig Jahre verbrachte. Und es zog ihn erneut nach Italien - dieses Mal in Begleitung seiner Frau.

Doch zuvor reiste er nach England, wo er in dem gebürtigen Frankfurter Charles Minoprio aus Liverpool einen großen Verehrer gefunden hatte, der etliche Bilder von ihm erwarb. 1884 bestand die Sammlung aus rund 60 Werken, die bei der Eröffnung des Liverpooler Kunstvereins gezeigt wurden.

Sein endgültiger künstlerischer Durchbruch in Deutschland gelang Thoma schließlich mit einer Ausstellung im Münchner Kunstverein im Jahr 1890, bei der seine Werke begeisterte Abnehmer fanden. Von da an war sein Erfolg nicht mehr aufzuhalten. Bis etwa 1910 zählte er zu den angesehensten Landschafts- und Porträtmalern Deutschlands, zumal seine Werke gleich massenhaft in Mappen und Kalendern vertrieben wurden. Egal, ob er blumenpflückende Knaben, Hühner fütternde Mädchen, Wiesen, Bäche, Bauernhäuser malte oder Putten, Meernixen und Sensenmänner auf die Leinwand bannte - Hans Thoma war als Künstler so populär wie kein anderer.

Es folgten weitere Reisen nach Italien, den Niederlanden und immer wieder Aufenthalte im Schwarzwald, bis er 1899 zum Direktor der Großherzoglichen Kunsthalle Karlsruhe ernannt wurde und die Meisterabteilung für Landschaftsmalerei an der Karlsruher Kunstschule unterrichtete. Aus diesem Amt schied er 1920 im Alter von 80 Jahren aus. Hans Thoma starb 1924 in Karlsruhe. Die wichtigsten Thoma-Sammlungen besitzen heute das Städelsche Kunstinstitut in Frankfurt und die Staatliche Kunsthalle Karlsruhe.

◀ Selbstbildnis von Hans Thoma. ▶ »Auf einer Waldwiese«, Gemälde von Hans Thoma.
▼ »Der Rhein bei Säckingen« von Hans Thoma.

1844

Lawinenunglück am Königenhof

Das Wagnerstal bei Furtwangen-Neukirch: Wo sich heute von Bäumen umgeben eine kleine Forsthütte unter den Hang duckt, stand einst ein stattlicher Schwarzwaldhof – der Königenhof, schon 1540 erstmals urkundlich erwähnt. In der Nacht vom 24. auf den 25. Februar 1844 befanden sich 24 Menschen im Haus. Nur acht von ihnen sollten das bis heute schwerste Lawinenunglück Deutschlands überleben.

Die Katastrophe nahm jedoch schon Jahre zuvor ihren Lauf. Martin Tritschler, der Bauer des Hofes, war 1833 aus Urach ins Wagnerstal gezogen. Holz war zu jener Zeit ein äußerst begehrter Rohstoff – und ein seltener! Mitte des 19. Jahrhunderts hatte sich der Schwarzwald in einen fast kahl geschorenen Höhenzug verwandelt. Die Wiederaufforstung, hauptsächlich mit Fichten, begann erst 1850. Bis dahin gab es zwar mahnende Stimmen, aber wer noch über Forst verfügte, machte ihn dennoch gern zu Geld. So auch Martin Tritschler. Kurz nach seiner Ankunft ließ er die Hänge rund um den Königenhof komplett abholzen. Der natürliche Schutz vor Lawinen war damit verschwunden.

Am 24. Februar hatte es den ganzen Tag über geregnet. Dadurch war die mächtige, bis zu viereinhalb Meter hohe Schneewehe auf dem steilen, baumlosen Hang hinter dem Haus instabil geworden. Am frühen Abend ging eine erste kleine Lawine ab und zerstörte die Bienenstöcke, was die Frauen des Hauses beunruhigte. Doch die Männer hatten sich zum Cego-Spielen in die Stube zurückgezogen und nahmen den Vorfall nicht sonderlich ernst. Ein fataler Fehler, wie sich herausstellen sollte!

Neben dem Bauern, seiner Frau, seiner Mutter, elf (zum Teil erwachsenen) Kindern und dem Mieter Hilar Winterhalder nebst sechs Familienangehörigen befanden sich am fraglichen Abend noch zwei junge Männer vom Nachbarhof, Blasius und Philipp Beha jr., im Gebäude.

Die Frauen und Kinder gingen früh zu Bett, die Männer saßen noch beim Kartenspiel. Eine überlebende Tochter, die 21-jährige Bibiane, berichtete später vor dem Großherzoglich Badischen Bezirksamt Triberg: »... nachts ungefähr 11 Uhr sind wir durch ein fürchterliches Krachen aufgeweckt, und ich habe mich überzeugt, dass die Kammer ganz zusammengedrückt und der Kammerboden auf den Kühen gelegen ist. Die Decke der Schlafkammer war ebenfalls so weit heruntergedrückt, dass wir bloß liegen und zusammengebückt sitzen konnten.«

Zur gleichen Zeit hörte die Nachbarin, Maria Beha, ein merkwürdiges »Schausen«. Doch erst gegen Morgen sah Behas Vater auf dem Königenhof nach dem Rechten. Ihm muss sich ein schauriger Anblick geboten haben! Das Haupthaus war unter den Schneemassen eingestürzt, Mensch und Vieh lagen unter dem Schutt begraben. Dass Bibiane Tritschler und fünf ihrer Geschwister überleben konnten, verdankten sie einem Hohlraum unter einem Balken, der das vollständige Abfallen des eingedrückten Daches an dieser Stelle verhinderte.

Bald eilten Helfer aus der gesamten Umgebung herbei. Doch ein plötzlicher Temperatursturz erschwerte die Bergungsarbeiten, er ließ die Schneemassen zu harten Eisklumpen gefrieren. Am Ende waren 16 Tote zu beklagen – und das überlebende Vieh musste notgeschlachtet werden. Fünf Metzger wurden mit dieser Aufgabe betraut.

Der Königenhof wurde nie wieder aufgebaut.

▲ Casimir Stegerer hat die Auswirkungen der Schneelawine für die Nachwelt festgehalten.

▼ Gedenktafel auf dem Friedhof von Neukirch.

Zu haben bei Casimir Steyerer in Vöhrenbach.
Nach der Natur gezeichnet und lithographirt von Casimir Steyerer
Nördliche Ansicht der schauerlichen Schnee-Lawine zu Neukirch im Schwarzwalde,
welche am Schalttage den 24. Februar 1844, Nachts 11 Uhr den großen an einem steilen sehr hohen Bergabhange stehenden Hof des Bauern Martin Tritschler (der sogenannte Königenhof) total
zertrümerte, und bei 20 Schritte von seiner Stelle abwärts schob. Von 24 Personen, die darin wohnten, wurden 17 auf die schrecklichste Weise, nebst vielem Vieh, getödtet und nur 7 konnten gerettet werden.

RUHESTAETTE
der am 24.ten Febr. 1844. durch eine Lavine verunglückten Neukircher
Martin Tritschler, 60. J.: alt.
Hilar Winterhalter, 30. J.: alt.
Waldburga Heitzmann, 50. J.: –
Clara Hofmaier, 26. J.: –
Maria Faller, 70. J.: –
Wilhelm Winterhalter, 5. J.: –
Lorenz Tritschler, 23. J.: –
Balbina Winterhalter, 3. J.: –
Thomas – 17. J.: –
Cath. Hofmaier, 21. J.: –
Maria – 20. J.: –
Salomon – 1. J.: –
Fidel – 14. J.: –
Blasius Beha

Friedrich Hecker.
Nach einer photogr. Aufnahme gelegentlich seines letzten Aufenthalts in Deutſ

1848

Das Gefecht auf der Scheideck

Es brodelte wieder einmal im Dreieck zwischen Karlsruhe, Lörrach und Konstanz. Irgendwie schienen diese bodenständigen und doch ungezähmten Schwarzwälder besonders empfänglich für revolutionäre Ideen. Diesmal ging es um Pressefreiheit, Wahlrecht, Bildung für alle, um Schwurgerichte und die Einführung eines deutschen Parlaments. Letztendlich also um nichts anderes als um die Errichtung einer Republik!

Am 12. September 1847 trug der radikaldemokratische Anwalt und Revolutionär Friedrich Hecker im Offenburger Gasthaus Salmen seine »13 Forderungen des Volkes Baden«, eine Art Grundrechtekatalog, erstmals vor. Der Andrang hielt sich da noch in Grenzen. Ein halbes Jahr später, am 19. März 1848, kamen dann etwa 20 000 Menschen zur Volksversammlung in das Gasthaus. Auch viele Frauen waren darunter, an vorderster Front Amalie Struve und Emma Herwegh. Hecker und der ebenfalls radikaldemokratisch gesinnte Gustav Struve beklagten das zögerliche Vorgehen der badischen Regierung, welche die Forderungen zwar angenommen hatte, aber nicht ernsthaft an ihre Umsetzung dachte. So blieb den Revolutionären nichts anderes übrig, als das Volk – und die Waffen – sprechen zu lassen!

Am 11. April traf sich Hecker mit Verbündeten in Konstanz, um das weitere Vorgehen zu besprechen. Die Männer planten mehrere Revolutionszüge unter der Leitung von Hecker, Struve, Franz Sigel, Georg Herwegh und Joseph Weißhaar, die während eines Sternmarsches wachsen und schließlich Karlsruhe erreichen sollten, um dort den badischen Staat wie eine Welle zu überrollen. Am nächsten Tag rief Hecker die Bevölkerung von Konstanz zur Teilnahme auf.

Der Heckerzug stand jedoch von Beginn an unter einem ungünstigen Stern. Als er am 13. April loszog, hatten sich gerade einmal 30 bis 60 Aufständische versammelt. Die Bauern unterstützten zwar die Ziele der Revolution – aber ihr Leben dafür aufs Spiel setzen? Das wollten dann doch die Wenigsten. Unverdrossen zog Hecker dennoch los und erreichte am Abend Stockach. Zwei Tage später wollte er sich in Donaueschingen mit Struve vereinigen, aber dort lagerten inzwischen württembergische Truppen und zwangen Hecker, nach Süden auszuweichen. Immer wieder wurde der Zug, der nicht im erhofften Ausmaß gewachsen war, abgedrängt, sodass er schließlich am 19. April in Kandern landete, wo es am Folgetag zu der entscheidenden Schlacht kommen sollte.

Der technische Fortschritt – namentlich die Eisenbahn – hatte es den Bundestruppen unter der Leitung von General Friedrich von Gagern ermöglicht, in aller Eile bis Schliengen zu reisen (weiter ging die Strecke noch nicht) und von dort dem Heckerzug entgegenzumarschieren.

Auf der Passhöhe an der Scheideck trafen die Gegner aufeinander. Nach ergebnislosen Verhandlungen zwischen Hecker und von Gagern kam es schließlich zum Gefecht. Wer das Feuer eröffnete, bleibt im Dunkel der Geschichte verborgen, die Angaben der Parteien widersprechen sich. Fest steht, dass Friedrich von Gagern gleich zu Beginn der Kämpfe von drei Kugeln getroffen wurde und auf dem Schlachtfeld starb. Fest steht auch, dass die Aufständischen keine Siegeschance hatten. Einige der Freischärler waren nur mit Mistgabeln bewaffnet, und es fehlte ihnen jede militärische Strategie. Nach kurzen Kämpfen wurden die Aufständischen geschlagen und flohen. Hecker gelang später die Flucht in die Schweiz.

Die Schlacht auf der Scheideck läutete das Scheitern der Badischen Revolution ein.

▲ Freischärler in Lörrach am 20. April 1848. ◀ Gedenkstein für Friedrich von Gagern.
▶ Revolutionsführer Friedrich Hecker.

1864

Nähseide aus dem Schwarzwald

Der Name »Gütermann« war schon im 19. Jahrhundert jeder Hausfrau ein Begriff. Das Unternehmen, das der gebürtige Oberfranke Max Gütermann 1864 in Gutach gründete, stellte Nähseide her, die in keinem Haushalt fehlen durfte.

Im Jahr 1868 zog die Familie mit ihren sechs Kindern nach Gutach in das neu errichtete Herrenhaus direkt neben der Firma, in der anfänglich 30 Mitarbeiter beschäftigt waren. Dass die Wahl auf den kleinen Ort im Schwarzwald fiel, hatte einen guten Grund, denn das weiche Wasser der dort fließenden Elz eignete sich hervorragend zum Färben der Garne. Nähseide aus Gutach erfreute sich rasch großer Beliebtheit – nicht zuletzt deshalb, weil Gütermann dazu übergegangen war, sie nicht mehr wie damals üblich nach Gewicht, sondern nach Längeneinheiten anzubieten. Zudem führte der innovative Unternehmer die sogenannte Kreuzwicklung auf Papphülsen ein, die für große Aufmerksamkeit bei der Weltausstellung in Wien sorgte und nach und nach Standard für alle Nähfadenhersteller wurde. Kurzum, das Unternehmen entwickelte sich in wenigen Jahren zu einer bedeutenden Größe auf dem internationalen Markt. Max Gütermann verfügte jedoch nicht nur über einen beachtlichen Geschäftssinn, sondern hatte auch stets ein offenes Ohr für die Belange seiner Belegschaft, die ihn liebevoll mit »Papa Gütermann« oder »Herr Max« ansprach.

Seine fünf Söhne, die die Firma ab 1884 übernahmen, prägten die Orte Kollnau und Gutach ebenfalls entscheidend mit. Sie bauten ein Krankenhaus für die Belegschaft, ein Mädchenheim, finanzierten dem Turnverein eine Halle und errichteten rund 600 Werkswohnungen, da die Anzahl der Mitarbeiterinnen und Mitarbeiter kontinuierlich stieg. Auch das Vereinsleben wurde von der Unternehmerdynastie gefördert, sei es durch die Gründung eines Musikvereins, eines Männerchors, eines Schützenvereins, eines Fußballvereins oder eines Schachklubs.

Ein Mitglied der Familie machte jedoch in ganz besonderer Hinsicht von sich reden. Als Alexander Gütermann erstmals von Carl Benz und seinem Motorwagen hörte, stand für ihn fest: So einen wollte er haben. 1894 kaufte er die Benz Victoria mit der Seriennummer 99 und überführte den Wagen eigenhändig von Benz' Werkstatt in Ladenburg bei Mannheim nach Gutach. Der frischgebackene Motorwagenbesitzer sorgte gleich noch für eine weitere Sensation: Am 16. Mai 1895 soll er vom Bezirksamt Waldkirch den ersten Strafzettel der Welt erhalten haben, weil er mit seiner Neuerwerbung eindeutig schneller als erlaubt unterwegs gewesen war. Angeblich hatte sein rasanter Fahrstil sogar die Vorhänge einer Wirtschaft zum Flattern gebracht. Obwohl mancher Historiker bezweifelt, dass es tatsächlich das erste Vergehen dieser Art war, gilt Alexander Gütermann für viele noch als erster Temposünder in der Automobilgeschichte. Hoch war die Strafe übrigens nicht, für sein Vergehen, das sich in Denzlingen ereignet hatte, musste er gerade mal drei Reichsmark bezahlen.

▲ Die Firma Gütermann in Gutach. ▼ Seit 1864 wird in Gutach Nähseide produziert.

Markgräfler Museum

1867

Der Bekämpfer der Reblaus

Seit seiner Kindheit hatte es Adolph Blankenhorn auf dem Weingut seines Vaters und seiner Onkel mit Reben, Fässern und Wein zu tun. Die Beschäftigung mit dem Weinbau sollte zu seiner Lebensaufgabe werden. Vor allem aber gilt er als Pionier, was die Bekämpfung der Reblaus anbelangt.

Adolph Blankenhorn kam am 6. Juni 1843 in Müllheim zur Welt. Zunächst studierte er nach dem Abitur Naturwissenschaften an der Technischen Hochschule in Karlsruhe und später Chemie an der Universität in Heidelberg bei Robert Wilhelm Bunsen – jenem Chemiker, der den nach ihm benannten Bunsenbrenner perfektionierte. 1864 erlangte er die Doktorwürde. Blankenhorn war nicht nur Wissenschaftler, sondern auch ein Mann der Tat, weshalb er seine Kenntnisse in Sachen Weinbau auf den familieneigenen Weingütern in Müllheim und Ihringen am Kaiserstuhl praktisch vertiefte. 1867 errichtete er auf eigene Kosten ein önologisches Institut in Karlsruhe – übrigens die erste Forschungsstätte dieser Art. Gemeinsam mit Gelehrten und Praktikern wollte er so dem Weinbau eine wissenschaftliche Basis verschaffen. Doch im Mittelpunkt standen die Erforschung und Bekämpfung der Reblaus. Eingeschleppt Anfang der 1860er Jahre von der nordamerikanischen Ostküste über London nach Frankreich, hatte sie sich als schlimmster Feind der europäischen Reben entpuppt, den es zu bekämpfen galt.

Mit Rat und Tat wurde Blankenhorn dabei von Friedrich Hecker unterstützt, der nach der Badischen Revolution 1848 in die Vereinigten Staaten nach Illinois ausgewandert war und der mit ihm in regem Briefverkehr stand. Der frühere Revoluzzer, selbst passionierter Winzer, war es auch, der Blankenhorn Samen amerikanischer Reben zukommen ließ, die resistent gegen die Reblaus waren.

Mit Hilfe der »Amerikaner« gelang es dem badischen Önologen schließlich, dem Schädling den Garaus zu machen, indem er die befallenen einheimischen Reben auf die sehr viel widerstandsfähigeren amerikanischen Wurzeln pfropfte.

Allerdings war es nicht so, dass Blankenhorns Forschungen überall auf Gegenliebe stießen: Etliche Winzer waren nämlich hartnäckig der Meinung, dass Weinbau keine Wissenschaft, sondern schlicht ein Handwerk sei. Allen Widerständen zum Trotz gab der Erfolg jedoch Blankenhorn recht, seine Leistungen für die Weinbauwissenschaften und den Berufsstand machten ihn europaweit bekannt. Bei der Weltausstellung 1873 in Wien wurde er mit einem Ehrendiplom für die Förderung des Weinbaus ausgezeichnet und ein Jahr später zum Präsidenten des neu gegründeten Deutschen Weinbauvereins, dem späteren Deutschen Weinbauverband, ernannt.

Der Pionier des deutschen Weinbaus und Vater von sechs Kindern starb 1906 im Alter von 63 Jahren in Konstanz. In seiner Heimatstadt Müllheim erinnert ein Denkmal im Bürgerhauspark an den verdienten Mann. Seit 2014 gibt es in Karlsruhe-Durlach einen Blankenhornweg, der als Panoramaweg durch das Rebgelände des Durlacher Staatsweingutes führt. Der Blankenhornsberg in Ihringen am Kaiserstuhl wiederum wird inzwischen vom Staatsweingut Freiburg betrieben, einer Einrichtung des Staatlichen Weinbauinstituts Freiburg und des baden-württembergischen Ministeriums für Ländlichen Raum. Und zwar ganz im Sinne von Adolph Blankenhorn als Versuchsgut.

▲ Reblandschaft bei Ehrenstetten. ▼ Im ehemaligen Blankenhornhof in Müllheim ist heute das Markgräfler Museum untergebracht.

1871

Das erste Hotel am Titisee

Hohe Berge, grüne Wälder, liebliche Täler: Als Urlaubsregion ist der Schwarzwald seit Langem in der ganzen Welt bekannt; Millionen von Touristen suchen zu jeder Jahreszeit Spaß und Erholung inmitten herrlicher Landschaften und lassen sich Spezialitäten wie Schwarzwälder Speck oder Schwarzwälder Kirschtorte schmecken.

Im 18. Jahrhundert war es allerdings noch ganz schön mühselig, die höheren Lagen des Schwarzwalds zu erreichen, ging es mit Kutschen doch nur sehr langsam und holprig voran. Davon konnte schon Marie-Antoinette ein Lied singen, die 1770 auf ihrer Brautreise nach Paris Station im »Hofgut Sternen«, einem der ältesten Gasthäuser im Schwarzwald, einen Zwischenstopp einlegte, bevor sie mit ihrer Entourage weiter nach Freiburg fuhr. Für die damaligen Wirtsleute muss ihr Besuch eine echte Herausforderung gewesen sein, immerhin war die Habsburger Prinzessin mit 250 Fürsten, Grafen, Gräfinnen, Hofdamen, Lakaien, Knechten, 57 Wagen und 450 Reit- und Zugpferden unterwegs, die sie auf ihrer Reise von Wien nach Versailles begleiteten. Auch der Dichterfürst Johann Wolfgang von Goethe machte hier am Fuße der Ravennaschlucht gleich zweimal Station, weshalb heute eines der Häuser des Hofguts seinen Namen trägt. 1873 konnte der Komponist Felix Mendelssohn Bartholdy mit seiner Frau Cécile empfangen werden, mit der er sich auf Hochzeitsreise befand.

Überhaupt lockte der Gedanke, dem grauen Alltag inmitten unberührter Natur entfliehen zu können, zunehmend mehr Erholungssuchende an. Allein, es fehlte an Übernachtungsmöglichkeiten. Diesem Umstand wurde 1864 in Menzenschwand abgeholfen, als dort der »Feldberger Hof« eröffnet wurde. Lief das Geschäft aufgrund der schlechten Straßenverhältnisse zunächst noch sehr schleppend, änderte sich das mit der Übernahme durch Carl Mayer 1879 rapide, zumal der Skisport im Schwarzwald immer mehr an Bedeutung gewann. Mayer führte das Hotel ab 1881 mit seiner Schwester Franziska, die als »Feldberg-Mutter« weltberühmt wurde. Denn hier übernachteten nicht nur Freiburger Studenten, die dem neuen Trendsport nachgingen, sondern unter anderem auch Richard Strauß oder der spätere Papst Pius XII.

Auch der Freiburger Medizinstudent Franz-Otto Eigler, der seine Freizeit oft und gern im Schwarzwald verbrachte, kam auf die Idee, direkt am Titisee ein Haus zu kaufen, um potenziellen Gästen ein Bett für die Nacht bieten zu können. Er sollte der erste Hotelbesitzer werden – allen Unkenrufen der Behörden zum Trotz, die zunächst befürchteten, dass dadurch jede Menge Strolche und Vagabunden angezogen werden könnten. Doch der Pionier in Sachen Tourismus schaffte es, die Verantwortlichen von seinen Plänen zu überzeugen, und konnte 1871 sein Projekt verwirklichen.

Aber was wäre der Tourismus ohne Sehenswürdigkeiten? So setzte sich der Triberger Obervogt Karl Theodor Huber 1805 dafür ein, die dortigen Wasserfälle mit einem Zugang zu erschließen, damit Gäste das Naturspektakel bequem bestaunen konnten. Zu denen zählten unter anderem die Großherzogin Stephanie von Baden und der badische Großherzog Friedrich II.

Kurz und gut, das Geschäft mit dem Tourismus florierte, die Badische Statistik verzeichnete zwischen 1871 und 1900 knapp 1500 neue Gasthäuser und Hotels, und der Fremdenverkehr wurde zunehmend zu einem wichtigen Wirtschaftszweig.

▲ Touristenattraktion: die Triberger Wasserfälle. ▼ Das Hofgut »Sternen« hat schon viele berühmte Gäste beherbergt.

1878

Von Misthaufen und schlechtem Wein

Normalerweise lieben Touristen den Schwarzwald. Doch manche haben eben immer etwas zu meckern. Zu Letzteren gehörten der berühmte Weltenbummler Mark Twain und der spätere Literaturnobelpreisträger Ernest Hemingway, der hier ebenfalls seinen Urlaub verbrachte.

Beide Schriftsteller, jeder auf seine Weise, setzten dem Schwarzwald ein literarisches Denkmal. Doch wer jetzt denkt, sie hätten sich mit romantischen Schilderungen des »Black Forest« gegenseitig überboten, liegt gründlich daneben. So machte sich Mark Twain, der 1878 im Rahmen seiner Deutschlandreise den Schwarzwald zu Fuß erkundete, über die Misthaufen lustig, die er dort antraf: »Im Schwarzwald wurden wir mit diesem Düngemittel sehr vertraut. Unbewusst gewöhnten wir uns an, die gesellschaftliche Stellung eines Mannes nach diesem ins Auge fallenden, aufschlussreichen Kennzeichen zu beurteilen«, schrieb er in »A Tramp Abroad«, ein Reise- und Anekdotenbuch, in dem er seine humoristischen Beschreibungen von Deutschen, Schweizern und Italienern des späten 19. Jahrhunderts verewigte. Auch die Stadt Baden-Baden stieß bei ihm auf wenig Gegenliebe. »Baden-Baden ist eine geistlose Stadt, voll von Schein und Schwindel und mickerigem Betrug und Aufgeblasenheit, aber die Bäder sind gut ...«

Sein Schriftstellerkollege Ernest Hemingway, der als Reporter für den kanadischen »Toronto Star« in Paris arbeitete, reiste im Sommer 1922 mit seiner frisch angetrauten Ehefrau Hadley in den Schwarzwald. Über seinen zweiwöchigen Aufenthalt hatte er indes nur wenig Nettes zu berichten. »Alle diese Gasthäuser sind weiß getüncht und sehen von außen ordentlich und sauber aus, aber innen sind sie schmutzig, eins wie das andere. Die Bettlaken sind kurz, die Federbetten klumpig, die Matratzen hellrot, das Bier gut, der Wein schlecht«, schrieb er. Zugegeben, die Gastfreundschaft im Schwarzwald ließ ihm gegenüber tatsächlich das eine oder andere Mal zu wünschen übrig, wurde der Autor doch bei einem Angelausflug von feindseligen Bauern mit der Mistgabel vom Bach vertrieben, weil er Ausländer war. Seiner großen Leidenschaft, dem Angeln, ging Hemingway dennoch unverdrossen nach, obwohl es ihm trotz aller Bemühungen nicht gelungen war, vom Bürgermeister einen Angelschein zu bekommen, worüber sich der Schriftsteller in einer seiner Reportagen lustig machte. »Ein schöner Forellenbach floss durch das Tal, kein Bauernhof in Sicht. Ich steckte die Angelrute zusammen, und während meine Frau unter einem Baum am Abhang saß und Wache hielt in beiden Richtungen des Tales, fing ich vier ordentliche Forellen, jede ungefähr dreiviertel Pfund.« An seinen Besuch in Triberg erinnert heute eine mit einer Forelle verzierte Gedenktafel am Wasserfall.

Ernest Hemingway kehrte nie wieder in den Schwarzwald zurück. Dennoch musste ihm Triberg in Erinnerung geblieben sein, denn Jahrzehnte nach seinem Aufenthalt verewigte er den Ort in seiner Erzählung »Schnee auf dem Kilimandscharo«.

▲ Mark Twain machte sich über die Misthaufen im Schwarzwald lustig.

▼ Angler aus Leidenschaft: Ernest Hemingway.

1880

Oh, du schöner Bollenhut!

Im Jahr 1880 zog der Genre- und Landschaftsmaler Wilhelm Hasemann nach Gutach und wurde dort gemeinsam mit seinem Kollegen Curt Liebich zum Begründer der Gutacher Malerkolonie. Postkarten und Bilder entstanden, die neben dem dörflichen Leben auch junge Mädchen in der Tracht des Ortes zeigten. So begann die Erfolgsgeschichte eines zuvor rein regional verbreiteten Strohhutes mit 14 roten Bollen aus Wolle …

In einem Artikel über die Schwarzwaldtracht schreibt der Heimatforscher Wilhelm Fladt 1934: »Bauerntrachten sind wie Blumen auf einer Bergwiese: farbenfroh und herb.«* Wie wahr, wenn man dabei den roten Bollenhut vor Augen hat, jenen gekalkten Strohhut mit den aufgenähten Wollkugeln – der übrigens bis zu zwei Kilo wiegen kann! Dabei hatten bis weit ins 18. Jahrhundert hinein strenge Kleiderordnungen das Entstehen solcher identitätsstiftenden regionalen Trachten verhindert.

In den drei Schwarzwalddörfern Gutach, Kirnbach und Hornberg-Reichenbach kam der auffällige Hut also erst im 19. Jahrhundert zu seinen Ehren. Zuvor stand eher der Schühut (ein kunstvoll aufgekrempelter Strohhut) aus der Region Waldshut als Symbol für den Schwarzwald.

Die Kunst des Strohflechtens wurde – wie so vieles – vermutlich von Glasträgern aus der weiten Welt mitgebracht. Schon Mitte des 18. Jahrhunderts hatte sich das Handwerk im Schwarzwald verbreitet. Mancherorts wurden mittellose Frauen sogar per amtlicher Verordnung zu dieser Arbeit verpflichtet. Seine Blütezeit erlebte das Gewerbe hundert Jahre später. Für viele Menschen (vor allem Frauen und Kinder) war es ein willkommener Nebenverdienst. Die drei Bollenhutdörfer waren damals eine evangelische Insel inmitten (wohlhabenderer) katholischer Gemeinden – es ist also gut möglich, dass die Hutmacherei als Arbeitsbeschaffungsmaßnahme eingeführt wurde.

Wann genau die Bollen auf den Strohhut kamen und warum es genau vierzehn sind, ist ungewiss. Eine frühe Zeichnung datiert aus dem Jahr 1860, vier Jahre später wurden erste Fotografien der Tracht veröffentlicht. Die roten Bollen werden aber nur von ledigen Frauen ab der Konfirmation getragen. Für jüngere Mädchen muss eine einfache Haube genügen. Und mit der Hochzeit endet die rote Pracht auch schon wieder: Verheiratete Frauen tragen schwarze Bollen – schließlich sollen sie nicht mehr die Blicke der jungen Burschen auf sich lenken! Bei der Hochzeit selbst wird der Bollenhut nicht getragen, sondern ein prächtiges Schäpel, ein reich verzierter und kostbarer ringförmiger Kopfschmuck.

Als Wilhelm Hasemann 1880 in den Schwarzwald kam, waren vielerorts die Trachten schon wieder am Verschwinden. Nicht so in Gutach und den Nachbargemeinden! Hasemann war gekommen, um den Roman »Lore, die Frau Professorin« von Berthold Auerbach zu illustrieren. Die dörfliche Gemeinschaft, die Landschaft und die Lebensweise der Gutacher Bevölkerung gefielen ihm so gut, dass er den Ort zu seinem Lebensmittelpunkt machte. Auf seinen Gemälden und auf denen seiner Kollegen Curt Liebich und Fritz Reiss taucht der Bollenhut immer wieder auf. Hasemanns Bild »Nach dem Kirchgang« (1895) verbreitete sich besonders häufig in Illustrierten und war zudem ein beliebtes Postkartenmotiv. Damit trug das Gemälde wesentlich dazu bei, den Bollenhut weit über die Grenzen von Gutach, Kirnbach und Reichenbach hinaus zum Schwarzwald-Symbol zu machen.

* Wilhelm Fladt: Schwarzwaldtrachten. In: Mein Heimatland, 21 (1934), S. 293–300

Junge Schwarzwälderin in Gutacher Tracht, 1898.

1887

Mit Volldampf durchs wilde Höllental

Ein stolzer Moment für die Großherzoglich Badische Staatseisenbahn! Am 21. Mai 1887 wurde die Höllentalbahn, genauer: der Streckenabschnitt zwischen Freiburg und Neustadt, festlich eröffnet. Zur Feier des Tages reiste Großherzog Friedrich I. in einem Sonderzug an. Die Begrüßungsrede sollte der Reichstagsabgeordnete Franz Josef Faller halten, ein großer Förderer der Bahnstrecke.

Ob die Aufregung zu viel für ihn war? Er konnte den Festtag jedenfalls nicht mehr miterleben, denn kurz vor der Ankunft des Sonderzuges ereilte ihn ein tödlicher Schlaganfall.

Die Baugeschichte der Höllentalbahn begann fünf Jahre zuvor. 1882 waren die meisten größeren Städte längst an das Schienennetz angeschlossen – Freiburg bereits seit 1845, als die Rheintalbahn ihre Eröffnung feierte. Auch die Schwarzwaldbahn von Offenburg nach Singen war schon seit 1866 in Betrieb. Längst waren die Zeiten vorbei, in denen Wissenschaftler und Skeptiker vor den schädlichen gesundheitlichen Folgen der »hohen Geschwindigkeiten« von 20 bis 30 km/h im Zug gewarnt hatten.

Die östlich von Freiburg gelegenen Ortschaften, allen voran Neustadt, bemühten sich seit 1845 um eine Anbindung ans Netz, zunächst jedoch erfolglos. »Zu steil«, hieß es von offizieller Seite, »technisch zu aufwendig«. 1882 war es aber doch endlich so weit: Die Regierung erteilte die Konzession für den Bau. Freilich mussten die Gemeinden ihr Scherflein beitragen, das notwendige Gelände kostenlos zur Verfügung stellen und den Bau finanziell unterstützen. Auch gab es nicht genügend einheimische Arbeitskräfte, so waren es vorwiegend italienische Wanderarbeiter, die sich an den Bau der Strecke machten.

Verantwortlicher Ingenieur war Robert Gerwig, der schon die Schwarzwaldbahn geplant hatte und sich mit den technischen Schwierigkeiten und landschaftlichen Hindernissen vor Ort bestens auskannte. Auch er sollte die Eröffnung der Höllentalbahn nicht mehr erleben, er starb bereits im Jahr 1885, wie Faller an einem Schlaganfall.

Weil die Strecke so steil war, ging es anfangs nicht ohne Zahnradbetrieb. Zwischen Hirschsprung und Hinterzarten wurde der Zug bis 1935 mittels Zahnstangen bergauf geschoben. Erst der Einsatz von leistungsstarken Loks der Baureihe 85 beendete den Zahnradbetrieb. Neun Tunnels und zahlreiche Brücken trieben die Baukosten in die Höhe, der zweite Streckenabschnitt bis Donaueschingen konnte deshalb erst 1901 fertiggestellt werden.

Die bekannteste Brücke ist sicherlich das Ravennaviadukt, heute eines der bekanntesten Bauwerke des südlichen Schwarzwaldes. Von der Originalbrücke aus dem Jahr 1885 existieren nur noch zwei Widerlager (Stützen). Die Eisenfachwerkkonstruktion ruhte auf drei Sandsteinpfeilern, sie führte mit einem Bogenradius von 240 Metern in 37 Metern Höhe über das Tal. Doch die Loks wurden immer schwerer, und schon 1926/27 musste eine neue Brücke her. Auch ihr war kein langes Leben vergönnt: Kurz vor Ende des Zweiten Weltkrieges wurde sie von deutschen Truppen gesprengt, 1947/48 allerdings originalgetreu wieder aufgebaut.

Im Freiburger Stadtgebiet baute man Anfang der 1930er Jahre für die Höllentalbahn eine neue Trasse. Immer wieder war es an den Bahnübergängen zu Unfällen und Verzögerungen gekommen. Aus dem Bahnhof im Stadtteil Wiehre wurde danach der »alte Wiehrebahnhof«.

Erst 2019 wurde die Elektrifizierung der Höllenbahn vollständig abgeschlossen.

▲ Das Viadukt über die Ravennaschlucht um 1900. ▼ Heute ein beliebtes Ausflugsziel.

1888

Die erste Frau am Steuer

Er ein genialer Tüftler, sie eine pfiffige Marketingstrategin. Mit vereinten Kräften gelang es Bertha und Carl Benz, den »Motorwagen« berühmt zu machen – jedem auf seine Weise. Denn zunächst erntete das von Carl Benz entwickelte dreirädrige Fahrzeug mehr Gelächter als Anerkennung und wurde sogar als »Satanswagen« bezeichnet.

Am 2. November 1886 war es so weit: Carl Benz erhielt vom Kaiserlichen Patentamt rückwirkend ein Patent auf sein » Fahrzeug mit Gasmotorenbetrieb«, nachdem die erste öffentliche, wenn auch kurze Probefahrt stattgefunden hatte. Doch die erhoffte Resonanz blieb aus; das Interesse an der »pferdelosen Kutsche« war gering, weil viele zweifelten, dass sie sich in der Praxis bewähren würde. Bis es Bertha Benz, geboren am 3. Mai 1849 in Pforzheim, zu bunt wurde. Ohne ihrem Mann ein Sterbenswörtchen zu verraten, brach sie am 5. August 1888 in der Morgendämmerung mit ihren Söhnen Eugen und Richard, damals 15 und 13 Jahre alt, zur ersten Überlandfahrt mit einem Automobil auf - von Mannheim nach Pforzheim und wieder zurück. »Ich war wohl die erste Autofahrerin der Welt«, sagte sie Jahre später. Was spielte es da für eine Rolle, dass sie gar keinen Führerschein besaß ...

So ganz pannenfrei lief die erste Fahrt in der Geschichte des Automobils jedoch nicht ab: In Wiesloch ging dem Gefährt der Treibstoff aus. Als Retter in der Not erwies sich ein Stadtapotheker, bei dem Bertha Benz Benzin kaufte. Genau genommen handelte es sich bei selbigem um ein Reinigungsmittel namens Ligroin, das als Kraftstoff für den kleinen Einzylindermotor mit seinen knapp drei PS diente. Auch sonst erwies sie sich als ausgesprochen kreativ, wenn die Fahrt zu scheitern drohte. Ein durchgescheuertes Kabel, das die Weiterfahrt behinderte, ersetzte sie mit einem Strumpfband, die verstopfte Benzinleitung wurde mit einer Hutnadel repariert. Beim Flicken der Kette wiederum bot ein Dorfschmied seine Hilfe an, und als sich die Klotzbremse blank geschliffen hatte und nicht mehr bremste, ließ sich Bertha Benz kurzerhand von einem Schuster Lederlappen auf das Hartholz nageln. Womit sie so ganz nebenbei zur Erfinderin der Bremsklötze wurde. Allen Widrigkeiten zum Trotz rollten sie und ihre Söhne noch am selben Abend in Pforzheim ein - und niemand konnte mehr behaupten, dass sich mit dem Automobil keine längeren Strecken zurücklegen ließen.

Der endgültige Durchbruch des Wagens gelang indes mit der Präsentation auf der Münchner »Kraft- und Arbeitsmaschinenausstellung« im gleichen Jahr und auf der Weltausstellung in Paris 1889; 1900 war die »Benz & Cie. Rheinische Gasmotorenfabrik Mannheim« die größte Automobilfabrik der Welt. An ihrem 95. Geburtstag wurde Bertha Benz von der Technischen Universität Karlsruhe, an der ihr Mann Maschinenbau studiert hatte, zur Ehrensenatorin ernannt. Zwei Tage später starb sie in Ladenburg. Heute ermöglicht die Bertha Benz Memorial Route jedem, die Strecke selbst nachzufahren, die Bertha Benz 1888 für die erste automobile Fernfahrt in der Geschichte wählte.

▲ »Erste Tankstelle der Welt« in Wiesloch mit Bertha-Benz-Denkmal. ▼ Bertha Benz unternahm die erste Probefahrt mit dem »Patent-Motorwagen«.

Stadt-
Apotheke

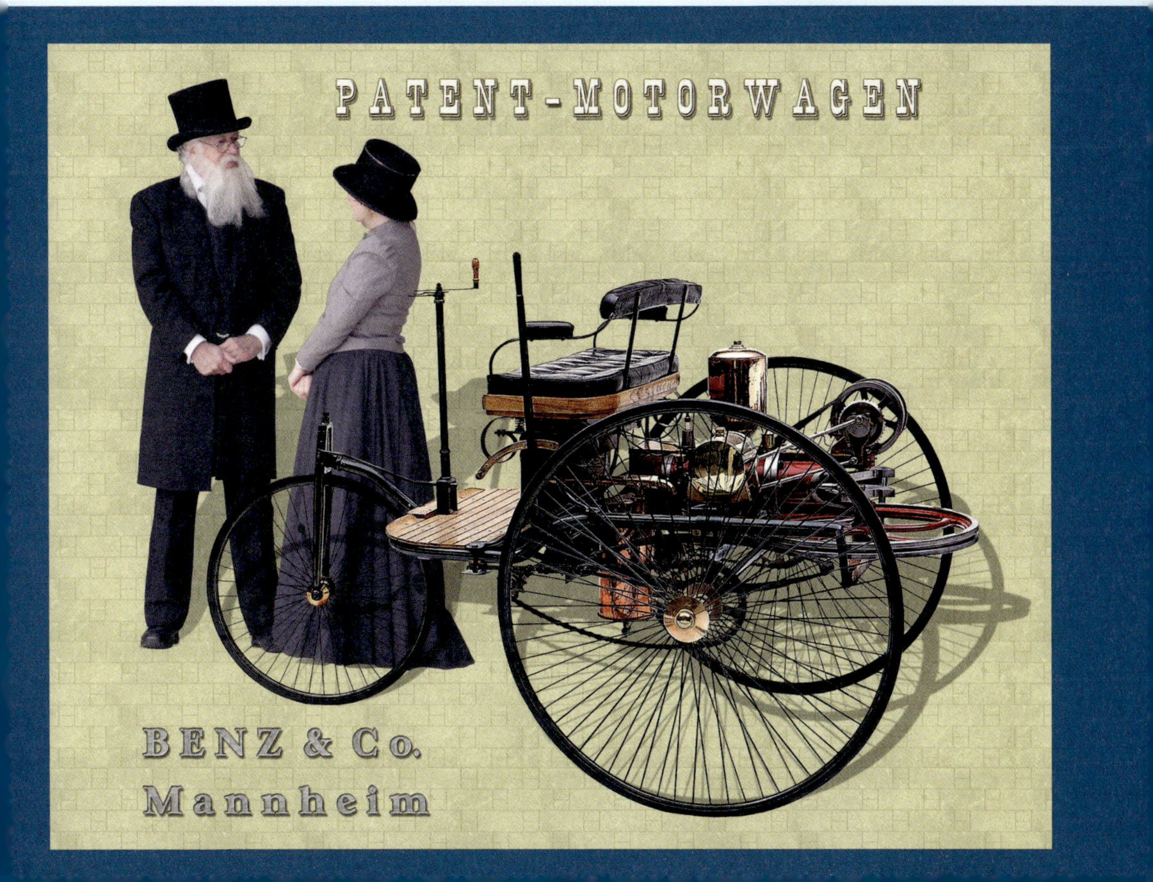
PATENT-MOTORWAGEN
BENZ & Co.
Mannheim

1907

Ein Hirsch mit hohem Bekanntheitsgrad

An ihm führt kein Weg vorbei: Wer von Freiburg aus mit dem Auto oder dem Zug durchs Höllental in den Schwarzwald fährt, sieht hoch oben auf einem Felsen einen kapitalen, von Menschenhand geschaffenen Hirsch, der sich anschickt, mit einem kühnen Satz über die stets dicht befahrene Straße zu springen.

Der auffällige Hingucker steht nicht zufällig an dieser exponierten Stelle. Laut einer Legende soll hier zwischen dem 14. und 16. Jahrhundert tatsächlich ein Hirsch gesprungen sein, dem ein jagdbegeisteter Ritter der Burg Falkenstein auf den Fersen war. Der Hirsch roch den Braten, übersprang rekordverdächtig die Klamm, die immerhin stolze neun Meter breit war, und entkam seinem Verfolger. So erzählt man es sich zumindest, auch wenn es immer mal wieder Stimmen gibt, die gewisse Zweifel daran hegen, ob ein Hirsch tatsächlich in der Lage ist, solch eine Entfernung mit einem einzigen Sprung zu überwinden. Heute jedenfalls wäre unserem Hirsch diese Leistung nicht mehr gelungen, denn das Höllental ist an dieser Stelle gut 50 Meter breit, nachdem Felsen weggesprengt wurden, um den nötigen Platz für Autos und die Höllentalbahn zu schaffen.

Eine Goldmedaille bekam das Tier für den Weitsprung zwar nicht, aber dafür ein Denkmal. 1856 wurde der sportliche Hirsch anlässlich der Hochzeit von Großherzog Friedrich und Luise von Preußen mit einem hölzernen Artgenossen gewürdigt, auf die zwei weitere folgten, die jedoch den klimatischen Einflüssen genauso wenig gewachsen waren wie das erste Modell. 1907 wurde eine Spendenaktion ins Leben gerufen, mit dem Ergebnis, dass der mutige Hirsch mit einer Bronzestatue – 350 Kilogramm schwer und 2,50 Meter hoch – an der Engstelle im Höllental verewigt wurde. Der Hirsch hat sich wacker gehalten, obwohl er während des Zweiten Weltkriegs 35 Schüsse aus einem Maschinengewehr abgekriegt hat. 2012 wuchsen ihm gar Flügel wie einst Pegasus, die ihm unbekannte Spaßvögel verliehen hatten. Hatte die Verwaltung Angst, eines der beliebtesten Fotomotive für Touristen könnte tatsächlich davonfliegen? Jedenfalls wurden seine Schwingen schleunigst gestutzt.

So steht der Hirsch auch heute noch unerschütterlich auf seinem Felsvorsprung. Verschwunden ist allerdings schon seit Jahren der Kiosk am Parkplatz unter dem Felsen, da die Nachfrage nach Hirsch-Postkarten oder anderen Hirsch-Souvenirs mit den Jahren erheblich nachließ. Auch der talaufwärts liegende Bahnhof »Hirschsprung« der Höllentalbahn ist lange außer Betrieb. Nichtsdestotrotz zählt das Denkmal des mutigen Hirsches immer noch zu den beliebtesten Sehenswürdigkeiten im Schwarzwald.

Bekanntschaft mit einem gar wundersamen Tier vermutlich ähnlicher Gattung hat übrigens auch der große Julius Cäsar während seines Feldzugs geschlossen: So berichtete er in »De bello gallico«, dass hier im Schwarzwald ein hirschähnliches Wesen lebe, aus dessen Stirn ein langes Horn rage. Da der Schwarzwald zwar für vieles, aber nicht für seine Einhorndichte bekannt ist, dürfte es sich bei dem von Cäsar gesichteten Tier vermutlich um einen Hirsch mit kaputtem Geweih gehandelt haben, dem er literarisch ein Denkmal schuf.

Ein Denkmal für einen mutigen Hirsch.

1908

Der Skilift wird erfunden

Einfallsreich waren sie schon immer, die Schwarzwälder. Aufgeschlossen für neue Wirtschaftszweige. Und geschäftstüchtig. Wen wundert es also, dass auch der erste Skilift der Welt nicht etwa in den Alpen, sondern in einem einsamen Schwarzwälder Tal, dem Ortsteil Oberschollach bei Eisenbach, gebaut wurde? Ein Gastwirt war es, Robert Winterhalder, der mit dieser Erfindung Skiläufer in seine Pension lockte.

Erst knapp zwanzig Jahre zuvor hatte man rund um den Feldberg den Wintersport als neue Einnahmequelle entdeckt. Ein Franzose namens Robert Pilet sei der Erste gewesen, der mit Brettern an den Füßen vom Titisee zum Feldberger Hof stapfte und den Hang hinunterrauschte, so heißt es. Zumindest war er der Erste, der sich als Skiläufer im Gästebuch des Hotels verewigte – »mit norwegischen Schneeschuhen« sei er angereist, verrät sein Eintrag.

Es war, als hätte der Schwarzwald nur auf diesen Startschuss gewartet! Schneeschuhe waren zwar auch vorher schon bekannt gewesen – Postboten, Ärzte oder Hebammen benutzten sie im Winter, um weite Wege zurückzulegen. Doch die Bretter aus Norwegen, die Ski oder Skier genannt wurden, waren neu. Zunächst konnten sich die Einheimischen den luxuriösen Sport auch gar nicht leisten. Nichtsdestotrotz begann Ernst Köpfer, ein findiger Schreiner aus Bernau, schon 1892, Skier in Serie herzustellen. Acht Jahre später fanden bereits die ersten Meisterschaften am Feldberg statt. Sogar Damen durften sich die Bretter anschnallen – freilich nur in lange Röcke gewandet!

Die Pension von Robert Winterhalder, dem Wirt des Schneckenhofes in Schollach, lag abseits der großen Pisten, doch die Luft war gut und Schnee reichlich vorhanden. So fanden sich auch hier bald Skiläufer und Rodler ein. Winterhalder beobachtete, wie schwer es seinen Gästen (vor allem den älteren oder asthmageplagten) fiel, den Hang nach der Abfahrt wieder hinaufzukeuchen. Und da er eine Mühle besaß und von Haus aus ein Tüftler war, kam ihm eine großartige Idee. Schon Jahre zuvor hatte er ein Riemengetriebe erbaut, das die Wasserkraft der Mühle nutzte, um Heu, Getreide und Mehl zwischen dem Lager und der Mühle hin- und herzutransportieren. Nach dem gleichen Prinzip könnte wohl auch ein Skilift funktionieren, dachte er sich und begann mit dem Bau. 1908 nahm er den Lift in Betrieb. An der Berg- und an der Talstation befand sich je ein Umlaufrad, auf den 280 Metern dazwischen spannte sich ein Endlosseil über fünf Masten. Die Fahrgäste konnten sich an hölzernen Zangen festhalten und bequem den Hang hinaufziehen lassen. Eine Sensation, die zumindest kurzfristig Skiläufer in Scharen anlockte!

Robert Winterhalder ließ sich seinen Lift für mehrere Länder patentieren. Die Erfindung bescherte ihm eine Goldene Ausstellungsnadel, die ihm Prinz Max von Baden zur Wintersportausstellung in Triberg verlieh. Doch reich wurde der Gastwirt mit seiner bahnbrechenden Idee nicht. Die Zeit für eine wirtschaftliche Nutzung war noch nicht reif, zumal Winterhalders Anlage während des Ersten Weltkrieges abgebaut werden musste, da man alles verfügbare Holz für den Bau von Schützengräben benötigte. Winterhalder verkaufte sein Patent schließlich nach Österreich.

Wer heutzutage den ersten Skilift der Welt in Schollach bestaunen will, sucht vergebens. Am historischen Hang steht nur noch die alte Mühle – und gegenüber der urige Schneckenhof, noch immer von der Familie Winterhalder betrieben.

◀ Robert Winterhalder, der Erfinder des Skilifts. ▶ Historische Postkarte mit Lift.
▼ Die alte Mühle am geschichtsträchtigen Ort.

Winterbilder aus dem Schwarzwald.
Hydraulicher Aufzug für Rodler u. Skiläufer.

1911

Statt Öl sprudelte warmes Wasser

Manchmal kommt es anders, als man denkt: Ursprünglich hoffte die Chemische Fabrik Raschig aus Ludwigshafen, in Bad Krozingen auf Öl zu stoßen. Doch in rund 400 Metern Tiefe sollte es zunächst eine Enttäuschung geben: Nicht Öl, sondern heißes, kohlensäurereiches Mineralwasser schoss aus dem Boden.

Geleitet wurden die Arbeiten in Krozingen damals von Bergrat Dr. Hans Thürach, Vorstand der Geologischen Landesanstalt des Großherzogtums Baden in Freiburg. Er war es auch, der den Standort des Bohrturms bestimmt hatte. Da weitere Versuche, »schwarzes Gold« zutage zu fördern, ebenfalls erfolglos blieben, wurde beschlossen, aus der Not eine Tugend zu machen: Am 25. November 1911 schlug die Geburtsstunde der »Nena-Quelle«, benannt nach dem Freiheitskämpfer Nana Sahib, der im indischen Aufstand 1857 eine entscheidende, wenn auch umstrittene Rolle gespielt hatte. Am 22. Juli 1912 gründete der Bad Krozinger Fabrikant Adolf Zimber zusammen mit dem Arzt Dr. Heinrich Remmlinger und Hans Freiherr Huber von Gleichenstein die Nena Bad und Kurhaus Krozingen GmbH. Unternehmenszweck war die Errichtung und der Betrieb einer Badeanstalt mit Trinkhalle. Dort wollte man das Wasser vermarkten, das als »sehr heilkräftig und von guter Wirkung bei der Erkrankung der Schleimhäute des Rachens und des Kehlkopfes, des Magens, Darms und der Nieren« galt, wie es Thürach in einem Artikel in der Freiburger Zeitung Anfang 1912 beschrieb.

Bevor das erste Badehaus fertig war, wurde eine hölzerne Tonne – fünf Meter im Durchmesser und 1,50 Meter tief – aufgestellt und mit Thermalwasser gefüllt, um Badefreuden zu ermöglichen. Wenig überraschend fand der Holzbottich lebhaften Anklang bei den Bürgern, zumal eigene Badezimmer Anfang des 20. Jahrhunderts eher eine Seltenheit waren. Besonders die Jugend beiderlei Geschlechts vergnügte sich begeistert beim gemeinsamen Bad im dampfenden Wasser. Ob es dabei in erster Linie um Gesundheit und Hygiene ging, sei dahingestellt. Nachdem es vor allem nachts mehr als übermütig hergegangen sein soll, setzten die Behörden dem Treiben kurzerhand ein Ende.

Im März 1914 wurde das erste Badehaus eingeweiht, das über Einzel- und Doppelkabinen mit insgesamt 30 Wannen verfügte. Der Besucheransturm war gewaltig, die Kabinen reichten bald nicht mehr aus. 1929 kamen Badekabinen erster Klasse dazu. Damit standen den Gästen 50 eingerichtete Bäder zur Verfügung. Auf vielfachen Wunsch wurde 1927 eine Liegehalle an das Badehaus angebaut, damit sich speziell die auswärtigen Besucher ausruhen konnten. Ab dem 1. August 1933 durfte sich die Gemeinde schließlich mit dem Prädikat »Bad« vor dem Ortsnamen schmücken, und das Heilbad im südlichen Schwarzwald wurde wärmstens auf Plakaten in D-Zügen angepriesen, um Kurgäste aus nah und fern anzulocken.

Viel früher als in Bad Krozingen wurde in Badenweiler das Geschäft mit den Kurgästen entdeckt, zumal die Römer mit der Entdeckung des Thermalbads bereits gründliche Vorarbeit geleistet hatten. So errichtete der Markgraf von Baden 1875 mit dem Marmorbad das erste öffentliche Bad, in dem balneologische Therapien angeboten wurden. In Bad Bellingen wiederum schlug die Stunde des Kurbetriebs 1955, als die Wintershall AG mit den Bohrungen nach Erdöl begann. Entdeckt wurde: Thermalwasser.

Technische Ausrüstung für den Rück- und Einbau der Tiefbrunnenpumpen in Bad Krozingen.

1914

Auf den Spuren von August Macke

»Der Kern der Welt«: Zumindest für den berühmten Expressionisten August Macke lag der direkt in der Töpferstadt Kandern, wo er sich oft und gern aufhielt. Seine Liebe zu dem schmucken Ort im Schwarzwald brachte er in farbenfrohen Gemälden, Skizzen und Aquarellen zum Ausdruck.

Geboren wurde August Macke 1887 in Meschede im Sauerland, in Bonn verbrachte er seine Kindheit und Jugend. 1904 bis 1906 studierte er dann an der Düsseldorfer Kunstakademie und an der Kunstgewerbeschule, daneben entwarf er Bühnenbilder und Kostüme für das Schauspielhaus. Und er reiste durch Europa, schaute sich die Kunstmuseen in Rom, London und Paris an. Ab 1907 nahm er ein Kunststudium in Berlin auf,

1909 heiratete er Elisabeth Gerhardt, die er schon mit 16 Jahren kennengelernt hatte, und zog mit ihr an den Tegernsee in Bayern. Es muss eine glückliche Verbindung gewesen sein, denn Macke hat rund 200 Porträts von ihr angefertigt. In dieser Zeit freundete er sich auch mit dem Künstler Franz Marc an, mit dem er sich intensiv über Kunst austauschte. Zwei Jahre später stellte er bei der ersten Ausstellung des »Blauen Reiters« in München drei seiner Bilder aus.

Doch zurück in den Schwarzwald: Von frühester Jugend an verbrachte August Macke regelmäßig Zeit bei seiner Schwester Auguste, der »Kronen«-Wirtin in Kandern, wo sich später auch seine Mutter niederließ, nachdem Mackes Vater gestorben war. Und wenn er zu Gast bei seinen Verwandten war, malte er. Motive gab es hier schließlich mehr als genug, angefangen von blühenden Gärten bis hin zu der kleinen Kirche im Ort. Auch der Töpferwerkstatt von Adam Fritz stattete er regelmäßig Besuche ab, um sich von dem Meister Vasen, Schalen und Teller drehen zu lassen, die er anschließend bemalte. Auf weniger Begeisterung stießen indes seine Gemälde, mit denen er den Saal des Gasthauses verzierte, denn die Honoratioren des Städtchens befanden sie als zu grotesk und ließen sie entfernen.

Wie auch immer. »Du glaubst gar nicht, wie wohl ich mich hier fühle. Alle sind hier so gut. Solch eine kleine Stadt ist etwas Herrliches. Ich kenne keinen Ort, der derart klassisch schöne Partien aufzuweisen hat wie dieses herrliche Kandern«, schwärmte Macke in einem Brief über seine Aufenthalte im Südschwarzwald.

1913 zog August Macke mit seiner Familie an den Thuner See in die Schweiz, wo er Paul Klee kennenlernte. Mit ihm und Louis Moilliet reiste er ein Jahr später nach Tunis, um in die geheimnisvolle Welt Nordafrikas einzutauchen. Für Macke war der Aufenthalt eine Quelle der Inspiration, wie 33 Aquarelle und 79 Zeichnungen bezeugen. Was er damals noch nicht wusste: Besagte Reise wurde zu einem der wichtigsten Kapitel der Kunstgeschichte.

Doch wie viele andere hatte sich Macke bei Ausbruch des Ersten Weltkrieges freiwillig gemeldet. Nur wenige Wochen nach Kriegsbeginn fiel er am 26. September 1914 an der französischen Front, nachdem er sechs Tage zuvor das Eiserne Kreuz verliehen bekommen hatte. Der Künstler wurde nur 27 Jahre alt, dennoch hinterließ er mehr als 3000 Zeichnungen und 128 Gemälde. Der Nachwelt sollte noch mehr von ihm erhalten bleiben: 1915 begann seine Witwe damit, die gemeinsame Liebesgeschichte, Reiseerinnerungen und die Begegnungen mit den künstlerischen Weggefährten ihres Mannes aufzuschreiben. In Kandern wiederum führt der August-Macke-Rundweg zu Plätzen und Motiven, die für Leben und Werk des Künstlers eine wichtige Rolle spielten.

◀ Blick auf die Kirche in Kandern im 21. Jahrhundert. ▶ Die Kirche in Kandern, gemalt von August Macke. ▼ August Macke war häufig im Gasthaus »Krone« zu Gast.

KRONE
Südtirol in der Krone
Waldhaus
Lebensfreude pur

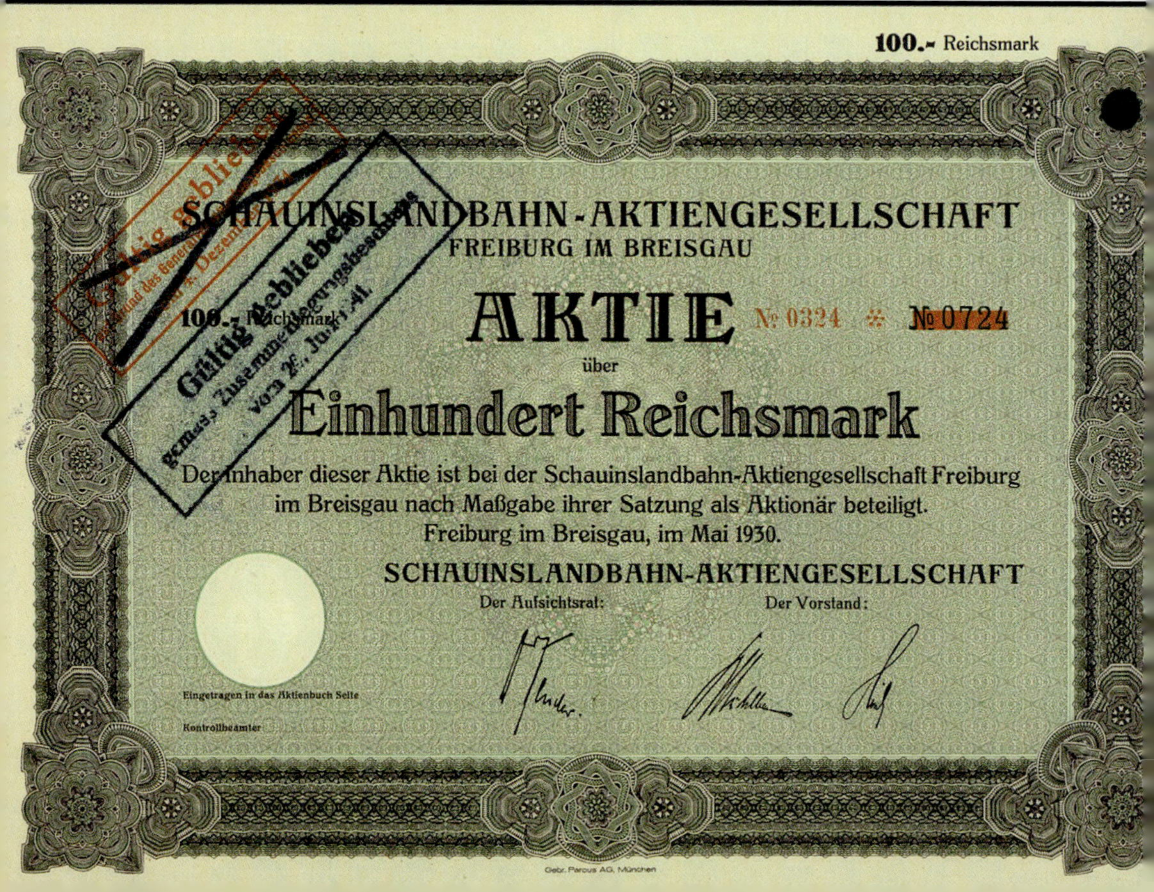
100.- Reichsmark

SCHAUINSLANDBAHN-AKTIENGESELLSCHAFT
FREIBURG IM BREISGAU

100.- Reichsmark

AKTIE

№ 0324 ※ № 0724

über

Einhundert Reichsmark

Der Inhaber dieser Aktie ist bei der Schauinslandbahn-Aktiengesellschaft Freiburg im Breisgau nach Maßgabe ihrer Satzung als Aktionär beteiligt.

Freiburg im Breisgau, im Mai 1930.

SCHAUINSLANDBAHN-AKTIENGESELLSCHAFT

Der Aufsichtsrat: Der Vorstand:

Eingetragen in das Aktienbuch Seite

Kontrollbeamter

Gültig geblieben

Gebr. Parcus AG, München

1929

Die erste Personenseilbahn der Welt

Dank der Seilbahn ist der 1284 Meter hohe Schauinsland, bekannt auch als Freiburgs Hausberg, seit 1930 eines der beliebtesten Ausflugsziele im Schwarzwald – besonders dann, wenn die Stadt in der kühleren Jahreszeit unter einer dichten Nebeldecke schlummert.

Los geht es an der Talstation in Horben. Wer in eine der Gondeln steigt, hebt ab und kann mit etwas Glück Richtung Sonne entfliehen, getreu dem ehemaligen Werbeslogan »Schweben, schauen, selig sein!«. Über den Tannenwipfeln bietet sich ein fantastischer Ausblick über die Rheinebene, den Tuniberg und Kaiserstuhl bis hin in die Vogesen. Die Schauinslandbahn ist mit 3,6 Kilometern Länge Deutschlands längste Kabinen-Umlauf-Seilbahn und überwindet einen Höhenunterschied von 746 Metern. 37 Kabinen schweben zu jeder Jahreszeit in etwa 20 Minuten zur Bergstation auf 1220 Meter, bei einer maximalen Geschwindigkeit von vier Metern pro Sekunde.

Am 8. Mai 1929 wurde der Grundstein für das Projekt gelegt, nachdem 1928 die Schauinsland-Aktiengesellschaft gegründet worden war. Sie war neben der Kapitalbeschaffung auch für die Planung und Projektabwicklung zuständig. Die Kosten für Freiburgs neue Attraktion wurden mit 2,15 Millionen Reichsmark veranschlagt. Mit dem Bau beauftragt wurde die Firma Ernst Heckel aus Saarbrücken. Nach etwa einjähriger Bauzeit nahm die Schauinslandbahn schließlich am 17. Juli 1930 ihren Betrieb auf – als erste Personenseilbahn der Welt nach dem Umlaufprinzip. Mit großem Bahnhof, versteht sich, denn Seilbahnen für Touristen waren damals noch eine Seltenheit. Von der Bergstation aus schwebte die Kabine Nr. 1, besetzt mit jubelnden Trachten-Mädchen aus Hofsgrund und Horben, in die Talstation ein. Anschließend machten sie Platz für die Ehrengäste, die um 11.44 Uhr zu den Klängen des Deutschlandliedes zur ersten Bergfahrt zu einem der schönsten Gipfel des Schwarzwalds durchstarteten. Die Bahn verfügte damals über zehn Personenkabinen, in denen jeweils bis zu 25 Personen Platz fanden – stets begleitet von einem Schaffner. Und wer Glück hatte, ergatterte einen der sechs Sitzplätze, die zur Verfügung standen. Selbst während des Zweiten Weltkriegs stiegen die Fahrgastzahlen stetig an, obwohl die Bahn 1944 und 1945 wegen der permanenten Fliegerbedrohung nur noch nachts in Betrieb war. Zum Einsatz kam die Schauinslandbahn auch am 3. Dezember 1944, als die im Hotel Kyburg untergebrachte Universitätsklinik von Fliegern angegriffen wurde. Obwohl starker Sturm aufgekommen war, konnten mit ihr mehr als hundert Kinder in ein Notquartier auf dem Berg befördert werden.

Nach Beendigung des Zweiten Weltkriegs diente die Schauinslandbahn wieder allein touristischen Zwecken. 1971 konnte der siebenmillionste Fahrgast bei der Schauinslandbahn begrüßt werden. Doch der Zahn der Zeit nagte unbarmherzig an den Kabinen; Steuer- und Sicherheitseinrichtungen waren längst nicht mehr auf dem neusten Stand. Langer Rede kurzer Sinn: Die Aufsichtsbehörde verweigerte die neue Betriebserlaubnis. Die Freiburger Verkehrs AG, die zwischenzeitlich als Betreiber fungierte, entschied sich gegen eine Sanierung und baute die Schauinslandbahn für neun Millionen Mark um. Die neue Bahn, ab sofort ohne Schaffner, wurde am 6. Dezember 1988 vom damaligen Oberbürgermeister Rolf Böhme eingeweiht.

▲ Die Seilbahn führt direkt hinauf auf den Schauinsland. ▼ Aktie über 100 RM der Schauinslandbahn AG vom Mai 1930.

1930

Von der Kuh in die Flasche

Jahrhundertelang diente die Milch einer Kuh auf dem bäuerlichen Hof vor allem der Selbstversorgung. Blieb etwas übrig, verkaufte man Butter, Käse und Milch auf den regionalen Märkten. Gegen Ende des 19. Jahrhunderts änderte sich das: Immer mehr Menschen zogen in die Städte und mussten versorgt werden. 1876 entstand die Freiburger Milchgenossenschaft, Vorläufer der heutigen Schwarzwaldmilch GmbH.

Manchmal waren es nur zwei oder drei Kannen, die zu Fuß zum örtlichen Milchhäusle gebracht wurden, der Sammelstelle in vielen Gemeinden. Dort wurden sie mit dem Fuhrwerk, später mit dem Zug oder Lkw eingesammelt und zur Genossenschaft gebracht. Für viele Kleinbauern, die ums Überleben kämpften, eine wichtige Einnahmequelle!

Mit dem Ersten Weltkrieg kam eine verheerende Nahrungsmittelknappheit über das Land. Das Vieh konnte kaum noch ernährt werden, weil Futter- und Düngemittel aus dem Ausland fehlten. Auch Arbeitskräfte waren Mangelware, da die Männer zum Kriegsdienst eingezogen wurden. Die Jahre zwischen 1916 und 1923 sind im Schwarzwald als harte Hungerjahre in die Geschichte eingegangen. Besonders prekär war die Situation in den Städten. Im Freiburger Milchhof (1916) versuchte man, die Stadtbevölkerung mit den notwendigsten Molkereiprodukten zu versorgen. Im gleichen Jahr entstand in Berlin die Reichsfettstelle, die sich um die Rationierung der Milchprodukte kümmerte.

Auch nach dem Krieg entspannte sich die Lage für die Landwirte im Schwarzwald nicht. Nun mussten ihre Lebensmittel mit den preiswerteren Waren aus dem Ausland konkurrieren.

Ab dem 31. Juli 1930 regelte das Reichsmilchgesetz Verteilung, Hygienevorschriften und den Handel mit dem begehrten Nahrungsmittel. Es hatte sich herumgesprochen, dass Tuberkulose über die Kuhmilch auf den Menschen übertragen werden kann, deshalb musste die Milch fortan pasteurisiert und in verschlossenen Behältern transportiert werden. Der Melker durfte seine Arbeit nur noch mit nacktem Unterarm ausführen – und Milchfälschung wurde unter Strafe gestellt. Das Gesetz ordnete ferner die Gründung von Genossenschaften an, die verpflichtet waren, den Bauern ihre überschüssige Milch abzunehmen. Die Landwirte mussten ihre nicht für den Eigenbedarf benötigte Milch in der örtlichen Sammelstelle abliefern. Wer seine Molkereiprodukte in Eigenregie verkaufen wollte, benötigte nun eine Erlaubnis.

Schon am 6. März 1930 hatten sich die Milchgenossenschaft Freiburg, der Milchhof Freiburg und ein weiterer kleiner Molkereibetrieb zur Breisgau Milchzentrale GmbH zusammengeschlossen, um die Versorgung der Stadt zu gewährleisten. Zwei Jahre später wurde in Offenburg die Ortenauer Milchzentrale gegründet, die Milchgenossenschaft Furtwangen sowie weitere Genossenschaften und Molkereibetriebe.

Damit begann die Erfolgsgeschichte der heutigen Schwarzwaldmilch Unternehmensgruppe.

Nach dem Zweiten Weltkrieg übernahm die Breisgau Milchzentrale viele kleinere Betriebe und firmierte seit 1961/62 unter dem Namen Breisgau-Milch. 2010 erfolgte eine weitere Umbenennung in Schwarzwaldmilch. Doch nicht nur der Name hat sich geändert! Besonders deutlich lässt sich die Entwicklung an der jährlichen Milchmenge ablesen: 1930 waren es etwa 9,2 Millionen Liter, im Geschäftsjahr 2020 270 Millionen.

▲ Der Freiburger Milchhof war ein Vorläufer der heutigen Schwarzwaldmilch GmbH. ▼ Inzwischen ist aus der regionalen Genossenschaft ein modernes Großunternehmen geworden.

Freiburger Milchhof G.m.b.H.
Freiburger Milchhof G.m.b.H.

Schwarzwaldmilch
Schwarzwaldmilch
Schwarzwaldmilch

Gasthaus
zur
Schwedenschanze

1932

Willkommen beim Schänzle-Wirt!

Auf dem Rohrhardsberg, wo sich einst Auerhuhn und Rotwild tummelten und nur gelegentlich ein paar Wanderer, Skifahrer oder Pilzsammler vorbeikamen, herrschte im Herbst 1932 rege Bautätigkeit. Ein Schreiner aus Elzach hatte es sich in den Kopf gesetzt, dort oben ein Gasthaus zu eröffnen. Die Bürger der damals noch selbstständigen Gemeinde sahen es mit Erstaunen. Wie konnten sie auch ahnen, dass das Schänzle sich einmal zur Kultkneipe entwickeln sollte?

Bereits knapp zweieinhalb Monate nach Baubeginn eröffnete der Wirt Josef Burger Anfang Januar 1933 seine Wirtschaft »Zur Schwedenschanze«. Der Name lag nahe, denn oben auf dem Rohrhardsberg wimmelte es nur so von alten Schanzanlagen. Ob sie tatsächlich noch aus der Zeit des Dreißigjährigen Krieges stammen, ist allerdings äußerst fragwürdig. Oft wurden der Einfachheit halber alle Redouten und Gräben unter dem Begriff Schwedenschanze zusammengefasst.

Die Wirtschaft war zunächst nur ein einfaches Rasthaus in einer Gegend, in der es ansonsten keine Einkehrmöglichkeiten gab. Burger, selbst ein leidenschaftlicher Bergwanderer und Skiläufer, wollte seinen Sportsfreunden eine warme Mahlzeit im Winter, ein kühles Getränk im Sommer und eine bescheidene Unterkunft zu jeder Jahreszeit anbieten.

Das sprach sich schnell herum, und an den Wochenenden füllte sich das Schänzle, wie es von den Bewohnern der Gemeinde und von den Besuchern bald liebevoll genannt wurde, mit Gästen aus nah und fern. Und aus dem Elzacher Schreiner Josef Burger wurde fortan der Rohrhardsberger Sepp.

Unermüdlich arbeitete er am Ausbau seiner Wirtschaft. Das war kein einfaches Unterfangen! Es führte schließlich keine Straße zum Schänzle hinauf, auch Stromanschlüsse oder gar Telefon waren noch Zukunftsmusik. Burger schleppte die benötigten Lebensmittel und sonstigen Gebrauchsgegenstände mit dem Rucksack vom Tal herauf. Ein beschwerlicher Marsch, vor allem im Winter! Nur mit viel Herzblut und Begeisterung war das zu bewältigen. Beides brachte der Rohrhardsberger Sepp in großem Maße mit. Bis zu seinem dreißigsten Lebensjahr hatte der 1902 geborene Burger das Schreinerhandwerk ausgeübt. Doch im Zuge der Weltwirtschaftskrise verlor er seine Arbeit und musste sich eine neue Verdienstmöglichkeit schaffen. Die Frau an seiner Seite hieß Anna und unterstützte die Idee ihres Gatten. Wenn im Winter weniger Gäste zum Schänzle kamen, hatte der Wirt die Gelegenheit, seinem alten Handwerk nachzugehen. Die ersten Stühle und Tische der Gaststube zimmerte er eigenhändig, und wenn dann noch Zeit übrig war, fertigte er Schnitzereien an, die bis heute in der Wirtschaft zu bewundern sind.

Burger war kein Freund der Nationalsozialisten, und nur die Kriegswirren und die Abgeschiedenheit des Schänzles verhinderten härtere Maßnahmen gegen den eigensinnigen Wirt. Während und nach dem Zweiten Weltkrieg stand er seinen Mitmenschen bei, so gut er es konnte. Keinem mittellosen Heimkehrer wurde in der Schwedenschanze eine Mahlzeit verweigert.

Josef Burger blieb seiner Heimat Elzach bis zum Tode verbunden und vermachte ihr seinen gesamten Nachlass. In seinem Testament verfügte er, dass die Zinsen aus seinem Guthaben für die Förderung begabter junger Menschen aus der Gemeinde verwendet werden sollten. Daraus ging eine Stiftung hervor, die bis heute in diesem Sinne tätig ist.

▲ Josef Burger unter dem Herrgottswinkel – in privater (Damen) Runde. ▼ Noch immer ist das Schänzle ein beliebtes Ausflugsziel für Wanderer.

1933

Startschuss für einen Highway

Ob die Schwarzwaldhochstraße ihren Namen den US-amerikanischen Highways verdankt? Möglich wäre es. Aber keiner weiß es so genau, denn die Bezeichnung ist einfach so entstanden, der Erfinder unbekannt. Der Name passt jedenfalls vorzüglich, denn gleich zu Beginn schraubt sich die Straße bei der Bühlerhöhe auf fast 800 Meter über Normalnull. Etwa sechzig Kilometer lang bleibt sie auf hohem Niveau, bis nach Freudenstadt, wo sie endet.

Am 30. Juli 1933 offiziell eingeweiht, gehört sie zu den ältesten Ferienstraßen Deutschlands. Schon elf Jahre zuvor hatte man einen sogenannten Kraftpostbetrieb (Omnibusverkehr) von Bühl zu den Höhenkurorten bis nach Hundseck eingerichtet. Die Schwarzwaldstraßen jener Zeit verdienten ihren Namen jedoch kaum. Sie waren nicht asphaltiert, im besten Fall geschottert, im schlimmsten Fall handelte es sich um staubige und nach Regenfällen schlammige Pisten. Für den gerade aufkommenden Autoverkehr eine Zumutung! Da sich in den Höhenlagen schon etliche Kurhäuser und Luxushotels angesiedelt hatten, wurde eine Pkw taugliche Straße unabdingbar.

1930 erfolgte der erste Spatenstich, und noch im selben Jahr wurde der Bauabschnitt von Hundseck nach Unterstmatt eingeweiht. Bis 1934 stellte man die Anschlussstrecke über den Mummelsee bis nach Ruhestein fertig. Die Weiterführung bis Freudenstadt verzögerte sich kriegsbedingt und wurde erst 1952 fertiggestellt.

Wie Perlen reihten sich die Kurhäuser, Hotels und Sehenswürdigkeiten an der Straße aneinander. Erstes Highlight war das Kurhaus und spätere Schlosshotel Bühlerhöhe, ursprünglich als Offiziersgenesungsheim geplant. In der Nachkriegszeit war Konrad Adenauer dort gerne und häufig zu Gast. Es folgten die Kurhäuser Plättig, Sand, Hundseck, das Berghotel Mummelsee, das Gedächtnishaus auf dem Schliffkopf, das Kurhaus Alexanderschanze.

Naturhighlights waren und sind der Mummelsee, die Hornisgrinde, mit 1163 Metern der höchste Berg des Nordschwarzwaldes, die Geroldsauer und die Allerheiligen Wasserfälle. Vor allem der wildromantische Mummelsee mit seinen schaurig-schönen Sagen und Legenden hat es den Touristen schon immer angetan. Nixen sollen angeblich in ihm leben und unschuldige Jünglinge zu sich in die Tiefe locken. Schon Grimmelshausen wusste in seinem Simplicissimus von unheimlichen Seebewohnern zu berichten, Eduard Mörike widmete den »Geistern am Mummelsee« 1829 eine Ballade.

Auch die frühgotische Klosterruine Allerheiligen (12. Jahrhundert) und die beeindruckende Schwarzenbachtalsperre zogen und ziehen jedes Jahr Besucher in Scharen an.

Die Schwarzwaldhochstraße ist damit bis heute nicht nur eine der bekanntesten, sondern auch eine der beliebtesten und meistbefahrenen Ferienstraßen Deutschlands. Was logischerweise auch Nachteile mit sich bringt. Den Mummelsee mit seinem 2010 wiedereröffneten Hotel nennen manche mit ironischem Unterton Rummelsee, weil er nur noch früh am Morgen, spät am Abend oder bei Regenwetter seinen mystischen Reiz versprüht. Und obwohl auf der Straße ein Tempolimit von 70 km/h gilt, kommt es immer wieder zu schweren Motorradunfällen.

Von den prachtvollen Luxushotels und Kurhäusern ist nicht mehr viel übrig. Die meisten sind geschlossen, teilweise auch abgerissen oder ausgebrannt. Einige schlummern einen Dornröschenschlaf und sind dadurch zu beliebten Ausflugszielen für Lost-Place-Liebhaber geworden.

▲ Zwei Highlights an der romantischen Schwarzwaldhochstraße: der sagenumwobene Mummelsee ... ▼ ... und die Ruine des Klosters Allerheiligen.

19 EW

1946

Ein Calwer erhält den Nobelpreis

»Demian«, »Unterm Rad«, »Der Steppenwolf« oder »Das Glasperlenspiel« – es gibt nur wenige, die noch nie einen Roman von Hermann Hesse gelesen haben, und sei es nur während der Schulzeit. Im Mittelpunkt seiner Werke steht hauptsächlich die Bewältigung persönlicher Krisen, war er doch stets auf der Suche nach seiner eigenen Identität.

Geboren wurde Hermann Hesse am 2. Juli 1877 in Calw als Sohn einer Missionarsfamilie. Für seine Familie stand fest, dass er einmal Pfarrer werden sollte, doch Hesse, der schon als Kind Gedichte schrieb, wusste als Teenager ganz genau, was er einmal werden wollte: »entweder Dichter oder gar nichts«. Entsprechend wenig angetan war er vom evangelisch-theologischen Seminar im Kloster Maulbronn, wo er sich überhaupt nicht wohlfühlte. Nach sieben Monaten lief der spätere Schriftsteller verzweifelt davon, wurde jedoch aufgegriffen und wieder zurückgebracht. Die Flucht hatte bei dem rastlosen jungen Mann Spuren hinterlassen: Nach einem Selbstmordversuch brachten ihn seine Eltern in einer Nervenheilanstalt unter.

Nach seinem Schulabschluss begann Hesse mehrere Lehren, doch erst die 1895 begonnene Buchhändlerlehre in Tübingen schloss er ab. 1899 zog er nach Basel, wo er schon als Kind einige Jahre verbracht hatte, um als Buchhändler zu arbeiten. Und er verliebte sich in die neun Jahre ältere Maria Bernoulli, eine der ersten Berufsfotografinnen in der Schweiz. Ihren eigenen Hausstand gründeten die beiden in Gaienhofen auf der Insel Höri, fernab von der Hektik der Großstadt. Aus der Ehe gingen drei Söhne hervor. Als die Beziehung zu kriseln begann, ging Hesse auf Indienreise und ließ seine Frau Mia mit zwei kleinen Kindern, einem Säugling, dem großen Haus nebst Garten allein zurück, bevor sich das Paar 1918 endgültig trennte.

Ab 1919 lebte Hermann Hesse, der sich zu diesem Zeitpunkt in einer tiefen persönlichen und künstlerischen Krise befand, in Montagnola im Tessin, wo er auch seine zweite Ehefrau Ruth Wenger kennenlernte. Beflügelt von der Landschaft und der südlichen Sonne, entstanden hier einige seiner größten Werke, unter anderem »Siddhartha«. Daneben entdeckte er eine neue Quelle der Inspiration für seine schriftstellerische Tätigkeit: das Malen.

Der internationale Durchbruch gelang ihm 1927 mit dem »Steppenwolf«, seine Bücher wurden in mehr als 50 Sprachen übersetzt, und Hesse avancierte zum meistgelesenen deutschsprachigen Schriftsteller des 20. Jahrhunderts. 1946 erhielt der Calwer den Nobelpreis für Literatur. Die Ehe mit Ruth Wenger, die sich zu Hesses Missfallen hauptsächlich um ihre zahlreichen Haustiere kümmerte, hielt indes gerade mal drei Jahre.

Obwohl Hesse nie ein Familienmensch war, heiratete er erneut. Seine dritte und letzte Ehefrau war die Kunsthistorikerin Ninon Dolbin-Ausländer, die ihm schon als Mädchen schwärmerische Briefe geschrieben hatte und die 35 Jahre an seiner Seite blieb.

Am 9. August 1962 starb Hermann Hesse im Alter von 85 Jahren in Montagnola an einem Hirnschlag. Er ist auf dem Friedhof St. Abbondio beigesetzt. In seinem Geburtsort Calw erinnert ein Museum an den großen Schriftsteller – mit Blick auf sein Geburtshaus.

Der Literaturnobelpreisträger Hermann Hesse wurde in Calw geboren.

1950

Schwarzwaldmädel erobert die Herzen

Grüne Tannen, hübsche Trachtenmädchen, pochende Herzen: Mit der bekannten Operette »Das Schwarzwaldmädel«, die 1917 an der Komischen Oper in Berlin Premiere feierte, wurde dem Schwarzwald ein musikalisches Denkmal gesetzt.

Geschrieben wurde das Singspiel, in dem jedes »Töpfle sein Deckele« fand, von Leon Jessel. Das Publikum bejubelte sein Werk, die Heile-Welt-Geschichte um Heimat, Liebe und Glück traf voll den Nerv jener Zeit, in der sich die Menschen nach friedlichen Zeiten sehnten. Rund 6000 Mal wurde die Operette aufgeführt und selbst in Argentinien und den Vereinigten Staaten vom Publikum bejubelt.

Obwohl sich die Operette später auch bei prominenten Nazis wie Adolf Hitler und Heinrich Himmler großer Beliebtheit erfreute, wurden ab 1938 alle Werke von Leon Jessel verboten. Grund war seine jüdische Abstammung. Im Dezember 1941 wurde er von der Gestapo festgenommen und starb kurze Zeit später an den Folgen der Misshandlungen, die ihm während seiner Haft zugefügt wurden.

Das Schwarzwaldmädel indes erlebte nach dem Zweiten Weltkrieg ein furioses Comeback. Dieses Mal nicht auf der Bühne, sondern auf der Leinwand. Zwar war Jessels Operette schon zuvor dreimal verfilmt worden, aber noch nie so farbenprächtig wie 1950, als es mit der schwarzweißen Tristesse endgültig vorbei war. So durften die Zuschauer erstmals in Agfacolor-Farben miterleben, wie das Bollenhutmädel Bärbele Riederle (Sonja Ziemann) sich in den Maler Hans Hauser (Rudolf Prack) verliebt und ihn – wenig überraschend – am Ende trotz diverser Verwicklungen amouröser Art auch kriegt. Als Atelier für die Aufnahmen diente das UFA-Filmstudio in Berlin-Tempelhof. Dreharbeiten unter der Regie von Hans Deppe fanden auch vor Ort im Schwarzwald statt, genauer gesagt in St. Peter, das in dem Streifen – warum auch immer – den Namen St. Christoph verpasst bekam. Dort spielte sich direkt vor dem Dom das legendäre Cäcilienfest ab, bei dem sich die verliebten Paare endlich finden. Ein Happy End war indes nicht jedem der Protagonisten beschieden, denn dem Domkapellmeister (Paul Hörbiger), der sich ebenfalls in das Schwarzwaldmädel verknallt hatte, blieb nichts anderes übrig, als sich mit der Kirchenmusik zu trösten. Neben bekannten Stars wirkten übrigens auch jede Menge Statisten aus der Umgebung bei den Dreharbeiten mit, die dabei jede Menge Spaß gehabt haben sollen. Am 7. September 1950 fand die Premiere des Films im Stuttgarter Universum-Lichtspiel-Theater statt, zu der Sonja Ziemann, nein, nicht im Abendkleid, sondern in Tracht erschien. Der schnulzige Streifen eroberte im Nu die Herzen der Zuschauer und lockte in den folgenden Jahren mehr als 16 Millionen Besucherinnen und Besucher in die Kinos. Kurzum, das »Schwarzwaldmädel« avancierte zu einem der erfolgreichsten Filme Deutschlands; Sonja Ziemann und Rudolf Prack galten als Traumpaar der frühen 50er Jahre und durften einen Bambi für ihre schauspielerische Leistung in Empfang nehmen. Nicht zuletzt wurde der Bollenhut, der den Kopf von Sonja Ziemann schmückte, zum Markenzeichen des Schwarzwalds, dem der Film einen Touristenboom bescherte, wie er ihn nie zuvor erlebt hatte.

St. Peter diente als Kulisse für das »Schwarzwaldmädel«.

1985

Beliebteste Klinik in Deutschland

Die Serie war die Antwort auf »Dallas« und »Denver«: Bis zu 28 Millionen Menschen jeglicher Altersstufe saßen in den 80er Jahren in Deutschland am Samstagabend gebannt vor dem Fernseher, wenn die Titelmelodie der »Schwarzwaldklinik« erklang.

Nicht nur, dass die 70-teilige Serie Kultcharakter erlangte, auch der kleine Ort Glottertal im Schwarzwald konnte sich fortan vor Besucherinnen und Besuchern kaum noch retten – nicht immer nur zur reinen Freude der Einheimischen, die von den Menschenmassen förmlich überrannt wurden. Selbst Jahrzehnte später machen sich immer noch Touristen auf den steilen Weg zur Klinik auf, um wenigstens ein Foto des bekanntesten deutschen Film-Krankenhauses zu schießen, das vorübergehend zum Schauplatz von Freud und Leid, Liebschaften und Konflikten geworden war.

Als Halbgott in Weiß war der 2007 verstorbene Klausjürgen Wussow erstmals am 22. Oktober 1985 zu sehen. Damals konnte noch niemand ahnen, dass er und seine Klinikbelegschaft Fernsehgeschichte schreiben würden. Denn was dann folgte, war ein regelrechter Hype. Die Serie wurde in 38 Ländern ausgestrahlt, plötzlich kannte fast jedes Kind die Hauptdarstellerinnen und Hauptdarsteller. Mehr noch: Viele Patienten wollten sich allen Ernstes von dem charismatischen Chefarzt behandeln lassen, und selbst Ärzte sollen ihre Bewerbung in der Fernseh-Klinik eingereicht haben.

Als malerische Kulisse für die Fernseh-Klinik diente der in den Jahren 1913 und 1914 erbaute Carlsbau mit seinem steilen Ziegeldach und den mächtigen Giebeln aus dunklem Holz, damals noch eine Kurklinik der Landesversicherungsanstalt Württemberg. Zum Skalpell griff Professor Brinkmann allerdings dort nie: Sämtliche Innenaufnahmen wurden in einem Studio in Hamburg gedreht. Auch die Krankenwagenzufahrt zur Notaufnahme existierte nicht, dafür wäre die schmale Straße, die zur Klinik führt, nun wirklich nicht geeignet gewesen. Dafür traten einige »echte« Schwestern und Pfleger in der Serie als Statisten auf.

Vergeblich bleibt auch die Suche nach dem Brinkmann'schen Schlafzimmer im Heimatmuseum Hüsli in Grafenhausen, denn auch dieses Gebäude diente lediglich als schmucke Kulisse. Ganz abgesehen davon wäre es für Brinkmann unmöglich gewesen, zu Fuß zur Klinik zu gehen, wie es den Zuschauern suggeriert wurde, liegen doch Glottertal und Grafenhausen gut 60 Kilometer auseinander. Vom Hüsli aus führt übrigens ein nach Klausjürgen Wussow benannter Wanderweg zum Schlüchtsee. Nur nebenbei: Besagtes Hinweisschild auf die Strecke musste bereits mehrfach erneuert werden, weil es geklaut wurde. Doch auch andere Orte im Schwarzwald dienten als Drehorte, beispielsweise die historische Altstadt von Schiltach, der Schluchsee und der Titisee. Die Hochzeit von Chefarzt Dr. Brinkmann und Schwester Christa wurde wiederum in St. Peter gedreht. Und weil's so schön war, gab es gleich noch eine Traumhochzeit. Allerdings gaben sich Udo Brinkmann und seine Elke nicht im Schwarzwald, sondern am Bodensee in der Wallfahrtskirche Birnau das Jawort.

Einer der bekanntesten Schauspieler, die bei der »Schwarzwaldklinik« mitwirkten, war übrigens Gert Fröbe, der den hundertjährigen Patienten Theodor Katz spielte. Es sollte seine letzte Rolle vor seinem Tod sein.

Deutschlands bekanntestes Krankenhaus: die Schwarzwaldklinik im Glottertal.

1987

Ein Hoch aufs Wäldervieh!

Na, du Hinterwälder? Gut gegrast? Nein, das ist kein Schimpfwort! Zumindest nicht, wenn man auf einer Kuhweide im Schwarzwald steht. Dann meint man damit nämlich ein ganz besonderes Rindvieh, das seit 1987 sogar von einem eigenen Verein gefördert wird.

Im südlichen und mittleren Schwarzwald sind zwei alte Kuhrassen zu Hause, die es über viele Jahrhunderte bis in die Gegenwart geschafft haben. Wenn auch nur mit Müh und Not. Ohne das Traditionsbewusstsein vieler einheimischer Bauern wäre dieses Kunststück nicht gelungen.

Die Rede ist vom Vorderwälder und vom Hinterwälder, zwei besonders gut an die hiesigen Verhältnisse angepasste Hausrindrassen. Angeblich gehen ihre Ursprünge bis auf die Zeit der Kelten zurück. Das lässt sich freilich nicht einwandfrei belegen, denn seither haben die Züchter viel hin und her gekreuzt. 1544 wird erstmals vom Wäldervieh berichtet: Der Humanist Sebastian Münster erwähnt es in der »Cosmographia« – und bald darauf wird schon zwischen zwei Rassen unterschieden, einer größeren und einer kleineren. Beiden ist gemein, dass sie mit den Bedingungen im Schwarzwald hervorragend zurechtkommen. Sie sind zäh und langlebig, genügsam und sehr geländegängig – trittsicher auch in steilen Hanglagen. Beide sind braun oder braun gescheckt, mit weißem Gesicht und weißer Brust. Die Vorderwälder sind die etwas größeren Rinder, traditionell sind sie gute Arbeitstiere und bestens als Zweinutzungsrinder geeignet (also zur Milch- und Fleischverwertung). Als im 20. Jahrhundert immer größere und schwerere Rinder mit enormer Milchleistung gezüchtet wurden, hatte es die Vorderwälder Kuh deshalb ein bisschen leichter als ihre Hinterwälder Schwester. Diese gilt mit 120 Zentimetern Schulterhöhe als die kleinste Kuhrasse Mitteleuropas und kann mit den modernen Hochleistungsrindern nicht mithalten. Seit den 70er Jahren ist ihr Bestand deshalb vom Aussterben bedroht.

Dabei ist die kleine Kuh eine echte Wucht! Vom Futter her genügsam, vertilgt sie auch schwer verdauliches Kraut und holzige Teile, die moderne Kuhrassen keines Blickes würdigen würden. Trotzdem gibt sie im Verhältnis eine fette, gute Milch und bringt im Laufe ihres Lebens bis zu 15 Kälber auf die Welt. Da sie deutlich leichter ist als beispielsweise das Fleckvieh, verursacht sie in empfindlichem Gelände keine Trittschäden und schont die Vegetation.

1987 gründete sich der »Förderverein Hinterwäldervieh«, um diese zähe Kuh vor dem Aussterben zu bewahren. Schließlich leistet sie auch einen beachtlichen Beitrag zur Landschaftspflege des Schwarzwaldes! Ohne Wäldervieh gäbe es die Hochweiden (Grinden) mit lichtem Kiefernbestand und Heidekraut vermutlich schon gar nicht mehr. Die offenen Freiflächen des Schwarzwaldes sind wichtige Lebensräume für seltene Tiere und Pflanzen. Nur durch die Beweidung können sie weiterbestehen – was auch für den Tourismus von Vorteil ist. Selbst die prächtigen, windschiefen Weidbuchen, die auf solchen Freiflächen wachsen, wären ohne die Kühe, die ihre Triebe abknabbern und somit für das Breitenwachstum sorgen, nicht denkbar. Und zu guter Letzt soll auch der Kuhfladen nicht unerwähnt bleiben: Er bietet bis zu 200 verschiedenen Insektenarten ein Zuhause, vom stattlichen Mistkäfer bis hin zur kleinen Milbe. Bereits nach wenigen Wochen hat er sich in nährstoffreichen Humus verwandelt.

Die Vorderwälder Kuh ist hervorragend an die Verhältnisse im Schwarzwald angepasst.

Lotharpfad

1999

Lothar

Fast jeder, der Weihnachten 1999 irgendwo im Schwarzwald verbracht hat, kann eine Lothar-Geschichte erzählen. Sei es der entwurzelte Baum im eigenen oder des Nachbars Garten, der nur haarscharf das Wohnhaus verfehlt hat, seien es die Dachziegel, die wie Spielkarten durch die Luft flogen. Oder die vielen Stunden im liegen gebliebenen Zug, die unpassierbaren Straßen, die Waldflächen, die über Nacht einfach verschwanden …

Der Orkan Lothar ist eines jener Ereignisse, die sich tief in die Erinnerung einbrennen. Nicht zuletzt deshalb, weil die Schäden von nur 15 bis 30 Minuten Sturm über Jahre hinweg sichtbar blieben und bis heute Auswirkungen auf das Landschaftsbild im Südwesten Deutschlands haben.

Ein paar Zahlen zur Veranschaulichung: Als Lothar am 26. Dezember 1999 über Südwestdeutschland, Frankreich und die Schweiz hinwegfegte, erreichte er Spitzengeschwindigkeiten von weit über 200 Stundenkilometern, am Hohentwiel bei Singen gar sagenhafte 272 km/h. Dem Sturm fielen grob geschätzt allein in Baden-Württemberg mindestens 23 Millionen Bäume (ca. 30 Millionen Kubikmeter Holz) zum Opfer. Das entspricht einer Fläche von etwa 54 000 Fußballfeldern!

Besonders hart traf es Fichten und Tannen. Manche wurden entwurzelt, andere knickten wie Streichhölzer um. Die Versicherungen, die für zerstörte Autos und Schäden an Häusern aufkommen mussten, sprachen vom größten Schadensfall, den sie bis dahin zu regulieren hatten. Auch Todesopfer gab es zu beklagen: 13 Menschen starben in Baden-Württemberg in der Sturmnacht – weitere Tote und Verletzte gab es danach bei den äußerst schwierigen Aufräumarbeiten. Aber wie konnte es überhaupt zu einer solchen Katastrophe kommen? Schließlich gab es Winterstürme seit eh und je. Warum plötzlich dieser kolossale Schaden? Lag es wirklich nur an der Windstärke?

Wiederholt haben wir hier schon vom Kahlschlag im Schwarzwald gelesen – von den nahezu baumlosen Flächen und Hängen zu Beginn des 19. Jahrhunderts. Manche Forstleute hatten das Problem früh erkannt und angesprochen. Der sächsische Bergmann Hans Carl von Carlowitz erfand in diesem Zusammenhang den Begriff »Nachhaltigkeit«, der heute in aller Munde ist.

Der wieder aufgeforstete Wald sah allerdings anders aus als der verschwundene. Mischwälder waren out, stattdessen standen Fichten hoch im Kurs. Sie wuchsen schnell und konnten deutlich früher wirtschaftlich genutzt werden als andere Bäume. Monokulturen entstanden, die Fichten standen wie Zinnsoldaten in Reih und Glied.

Die Nachteile zeigten sich erst später. Reine Nadelwälder sind deutlich anfälliger für Sturmschäden. Zudem hatten Schädlinge den Wald geschwächt, besonders der Borkenkäfer, der heiße, trockene Sommer und milde Winter liebt und somit den Klimawandel herzlich begrüßt. Lothar hatte im Nachhinein betrachtet also sogar gute Seiten. Heute gibt es viel mehr Laubhölzer, Tannen und Douglasien als vor dem Sturm.

Zwischen Ruhestein und Kniebis an der Schwarzwaldhochstraße ließ man ein zehn Hektar großes Gelände als Bannwald stehen – unberührtes Gebiet, in dem sich die Natur beobachten lässt. Auf dem knapp einen Kilometer langen Lotharpfad können Besucher mit eigenen Augen beobachten, wie sich der Wald selbst heilt.

▲ Sturmschäden im mittleren Schwarzwald. ▼ Der Lotharpfad bietet auf einem Kilometer Länge Einblicke in die Regeneration einer Sturmfläche.

2019/2020

Auerhahnkiller & Schwarzwald-Rambo

Im Wald, da sind die Räuber! Zumindest, wenn man altem Liedgut Glauben schenken will. Früher mag das durchaus so gewesen sein. Dass sich finstere Gesellen auch heute vornehmlich im dichten Gehölz aufhalten, könnte jede moderne Polizeistatistik problemlos widerlegen. Aber in den Jahren 2019 und 2020 kam es tatsächlich zu zwei aufsehenerregenden Straftaten im Wald. Na ja – eher am Waldrand.

Samstag, der 10. August 2019: Auf der Todtnauer Hütte am Feldberg tobt das Laurentiusfest. Eine Party, bei der reichlich Alkohol fließt. Zwei junge Männer, 20 und 22 Jahre alt, sind schon seit dem frühen Morgen unterwegs, alsbald sturzbetrunken. In der Nähe der Hütte drückt die Blase. Sie erleichtern sich im Wald – und geraten dabei offenbar ins Revier eines der letzten 130 bis 150 Auerhähne, die es in der Region noch gibt. Die Tiere sind vom Aussterben bedroht und werden am Feldberg vom Forstpersonal liebevoll gehegt und gepflegt. Der Auerhahn wird die Begegnung mit den beiden Betrunkenen nicht überleben. Der 20-Jährige schlägt ihn mit einer Flasche mehrmals nieder, dann quälen die Männer das benommene Tier, filmen den Vorfall mit dem Handy. Schließlich stirbt der Auerhahn an seinen Verletzungen. Vermutlich wären die Täter nie überführt worden, wenn es nicht Zeugen gegeben hätte, die die Polizei alarmierten.

Vor Gericht behaupteten die Männer, sie hätten aus Notwehr gehandelt, der Hahn habe sie angegriffen. Letzteres ist möglich, doch der damals 20-Jährige besaß einen Jagdschein und hätte wissen müssen, dass ein Rückzug genügt hätte, um der ohnehin nur geringen Verletzungsgefahr zu entgehen. Das Gericht verurteilte beide Männer zu Geldstrafen und den Jüngeren sogar zu einem kurzen Arrest. Außerdem verlor er seinen Jagdschein. Beide beteuerten, die Tat mittlerweile sehr zu bereuen.

Mehr noch als der Auerhahn-Fall erregte im Juli 2020 der 31-Jährige Yves R. überregionales Interesse. Die BILD-Zeitung titulierte ihn gar als »Schwarzwald-Rambo«, andere nannten ihn den »Waldläufer von Oppenau« oder den »Tarn-Mann«. Fünf Tage versteckte er sich in den Wäldern der Ortenau und hielt insgesamt sage und schreibe 2500 Polizeibeamte und mehrere Hubschrauber auf Trab!

Es begann eigentlich ganz harmlos. Anwohner hatten die Polizei darauf aufmerksam gemacht, dass Yves R., vor Kurzem obdachlos geworden, eine Gartenhütte aufgebrochen habe und dort illegal hause. Man hatte ihn mit Pfeil und Bogen hantieren sehen. Als vier Polizeibeamte die Sache überprüften, zog Yves R. eine Schreckschusspistole und befahl den Polizisten, ihre Waffen niederzulegen. Anschließend verschanzte er sich mitsamt diesen Waffen im Wald. Fünf Tage lang gelang es Yves R., sich dem riesigen Suchaufgebot von Polizei, Survival-Experten, Psychologen, Förstern und Spürhunden zu entziehen. Erst als er hungrig und dehydriert war, konnte er aufgespürt werden. Bei der Festnahme verletzte er einen Polizisten mit dem Beil.

In der Region atmete man auf. Die Gefahr war gebannt. Aber hatte es überhaupt eine echte Gefahr gegeben? Yves R. beteuerte später, er habe niemanden mit den Waffen verletzen wollen. Er wurde 2021 zu drei Jahren Haft verurteilt.

▲ Der Auerhahn gehört zu den vom Aussterben bedrohten Tieren des Schwarzwaldes.

▼ Fünf Tage dauerte es, bis die Polizei Yves R. in der Ortenau aufspüren konnte.

Quellen

www.alaturka.info/de/deutschland/baden-wuerttemberg/stuttgart/49-die-roemische-kinzigtal-strasse-und-ihre-kastelle, abgerufen am 19.01.2022

www.konradsblatt.de/detail/frau-oder-mann-des-tages/id/94-thaddaeus-rinderle, abgerufen am 22.01.2022

http://www.jaegerbrommer.de/Drehorgel/IgnazBlasiusBruder/IgnazBlasiusBruder.html, abgerufen am 22.12.2021

www.deutschlandfunkkultur.de/in-waldkirch-dreht-sich-alles-um-die-orgel-102.html, abgerufen am 15.01.2022

www.guetermann.com/de/unternehmen/historie/die-guetermann-ara, abgerufen am 15.10.2021

www.waldkircher-orgelbau.de/geschichte, abgerufen am 22.12.2021

www.bad-bad.de/gesch/glueckspiel.htm, abgerufen am 22.12.2021

www.trompeter-von-saeckingen.de/scheffel/buch.htm, abgerufen am 14.01.2022

www.frankfurter-personenlexikon.de/node/1476, abgerufen am 16.01.2022

www.schwarzwald-geschichte.de/9irrtuemer, abgerufen am 17.01.2022

www.feldberger-hof.de/kinderhotel-schwarzwald/das-hotel, abgerufen am 17.01.2022

www.sueddeutsche.de/leben/historie-den-bach-runter-1.3116413, abgerufen am 22.01.2022

www.amskandern.de/seite/405284/august-macke.html, abgerufen am 16.01.2022

www.media.daimler.com/marsMediaSite/de/instance/ko/August-1888-Bertha-Benz-unternimmt-die-erste-Fernfahrt-der-Welt-mit-einem-Automobil.xhtml?oid=9361401, abgerufen am 17.01.2022

www.merkur.de/auto/heimlicher-spritztour-mbs-1104923.html, abgerufen am 17.01.2022

www.dpma.de/dpma/veroeffentlichungen/patentefrauen/berthabenz/index.html, aufgerufen am 14.10.2021 www.schauinslandbahn.de/hoch-spannend/historie, abgerufen am 26.12.2021

www.spiegel.de/fotostrecke/schwarzwaldklinik-auf-den-spuren-von-professor-brinkmann-fotostrecke-130801.html, abgerufen am 22.01.2022

Balzer, Eugen:
Geschichte der Stadt Bräunlingen; die Bräunlinger Hexenprozesse. Freiburg: Kehrer 1984

Die faszinierende Welt der Alamannen: Museumsführer Alamannen-Museum Vörstetten.
Hrsg: Helmut Köser, Vörstetten, 2015

Dorer, Bernhard:
Wälderleben: Geschichte und Geschichten der Landwirtschaft im Hochschwarzwald im Wandel der Zeit. 4. überarb. Aufl., Freiburg: Badischer Landwirtschafts-Verlag 2017

Engehausen, Frank:
Kleine Geschichte der Revolution 1848/49 in Baden.
Karlsruhe: G. Braun Buchverl. und Leinfelden-Echterdingen: DRW-Verlag 2010

Huth, Silvia:
Wie der Schwarzwald erfunden wurde: das Buch zur SWR-Dokureihe Schwarzwald-geschichten. 3. Aufl., Tübingen: Silberburg-Verlag 2015

Rumpf, Joachim:
Die Salpetererunruhen im Hotzenwald.
3. erw. Aufl., Freiburg: Schillinger 2010

Schilli, Hermann:
Das Schwarzwaldhaus.
In: Badische Heimat, 1960, Heft 3 / 4, S. 259–272

Schlosser, Kerstin:
Vom Badehaus zur Vita Classica: Die Thermalbadgeschichte
von Bad Krozingen. Freiburg i. Br. 2001

Weis, Roland; Riesterer, Harald:
Der Hochschwarzwald : Von der Eiszeit bis heute. 2. Aufl.
Ostfildern: Jan Thorbecke Verlag 2017

Vitae

Anne Grießer, Jahrgang 1967, ist im badischen Odenwald geboren und aufgewachsen. Sie studierte Ethnologie und Germanistik, bevor sie sich dem Schreiben widmete. In den vergangenen Jahren hat sich die in Freiburg lebende Schriftstellerin und Entertainerin als Krimiautorin und Herausgeberin einen Namen gemacht. Neben ihren Romanen und Kurzgeschichten schreibt sie Reiseführer und Sachbücher zu kulturgeschichtlichen Themen.

Ute Wehrle, Jahrgang 1961, studierte Touristik-Betriebswirtschaft in Heilbronn und war viele Jahre als Redakteurin bei einer Tageszeitung tätig. Sie arbeitet als Journalistin und Krimiautorin.

Impressum

Sollte dieses Werk Links auf Webseiten Dritter enthalten, so machen wir uns die Inhalte nicht zu eigen und übernehmen für die Inhalte keine Haftung.

1. Auflage 2022

Umschlaggestaltung: Björn Locke, Nürtingen.

Coverfotos: Hauptbild: Kloster St. Trudpert, Münstertal, © Michael Mantke, Shutterstock; Bildleiste unten von links nach rechts: Burg Hornberg, Merian-Stich von 1643, gemeinfrei; Flößer um 1890, Wolfach, gemeinfrei; Baumwipfelpfad Bad Wildbad, Aussichtsturm, Wikimedia Commons, © Pjt56, CC BY-SA 4.0; Hintergrundbild: Festung Freudenstadt, D.F. Bothner, 1814, nach einem Stich von J. Schollenberger, um 1670, gemeinfrei; Freisteller: © Gyuszko-Photo, Shutterstock.

Satz und Layout: Silke Schüler, München.
Lektorat: Michael Raffel, Tübingen.

Printed in Slovenia by Florjancic.

ISBN 978-3-8425-2373-9

Ihre Meinung ist wichtig für unsere Verlagsarbeit. Senden Sie uns Ihre Kritik und Anregungen unter **meinung@silberburg.de**

Besuchen Sie uns im Internet und entdecken Sie die Vielfalt unseres Verlagsprogramms: **www.silberburg.de**

Bildnachweis

Archiv Winterhalder: S. 93 oben; Corpus Vitraerum Deutschland e.V.: S. 21; Hannes Dezulian, Stadt Waldkirch: S. 58 unten; Jürgen Gocke, Stadt Waldkirch: S. 7 unten; Anne Grießer: S. 5, 9, 10, 14, 17, 25, 29, 30, 41, 42, 61 unten, 66, 73unten, 93 unten, 102 unten, 113, 114 unten; Stefan Hebestreit, Team Waldgericht: S. 26 oben; Josef-Burger-Stiftung, Elzach: S. 102 oben; Martin Köpfer: S. 65; Hans Jürgen Kugler: S. 6 oben, S. 13 oben und unten, S. 33 oben und unten, S. 38 oben und unten, S. 45 oben, unten links, S. 53 oben rechts, unten, S. 54, Seite 69 oben und unten, S. 78 oben und unten, S. 90, S. 97, S. 110; Landesarchiv Baden-Württemberg, Abt. Hauptstaatsarchiv Stuttgart: S. 26 unten; Landesarchiv Baden Württemberg, Generallandesarchiv Karlsruhe J-D-N /1: S. 73 oben; Gerhard Lederer: S. 46 oben und unten, S. 49 oben; Ute Wehrle: S. 50, S. 77 oben und unten, S. 94; Schwarzwaldmilch: S. 101 oben;

Pixabay: analogicus, S. 22 oben; Barbee Anne: S. 82 unten; bayern-reporter_com: S. 117 unten; caldazar87: S. 22 unten; dlohner: S. 105 oben; Emslichter: Seite 89 unten; erge: S. 45, unten links; Gina Janosch: S. 58 oben; Greg Montani: S. 62 unten; Herm: S.62 oben; Ildigo: S. 98 oben; Marvball: S. 81 oben; mila-del-monte: S. 86 unten; Mietzekatze: S. 117 oben; pixabairis: S. 81 unten; unbekannt: S. 109; Valdas Miskinis: S. 105 unten; WikiImages: S. 82 oben

Wikipedia Commons: anagoria, gemeinfrei: S. 70 unten; Die Gartenlaube, gemeinfrei: S. 74 unten rechts; Pascal Dihé CC BY-SA 4.0: S. 37 unten; gemeinfrei: S. 74 oben, S. 85, S. 86 oben, S. 98 unten; Herderverlag, gemeinfrei: S. 53 links oben; Hajotthu, gemeinfrei: S. 70 oben rechts; Dagmar Hollmann, CC BY-SA 3.0: S. 18 oben; Barbara Krafft, gemeinfrei: S. 49 unten links; Joseph Lange, gemeinfrei: S. 49 unten rechts; Laserlicht, Lizenz CCBY-SA3.0: S. 57 oben; Metropolitan Museum of Art, gemeinfrei: S. 61 oben; Mpleskine CC BY-SA 4.0: S. 18 unten; Vitold Muratov CC BY-SA 3.0: S. 114 oben; Andreas Praefcke, gemeinfrei: S. 57 unten; SEM CC BY 3.0: S. 37 oben, S. 74 unten links; gemeinfrei: S. 70 oben links; Andreas Schwarzkopf, CC BY-SA 3.0: S. 34; Schwarz waldmarie, CC BY-SA 4.0: S. 101 unten; Rudolf Stricker: S. 89 oben; Ernst Würtenberger, gemeinfrei: S. 106